Bienvenue à Lille

COVID-19
L'étendue des répercussions de la pandémie de Covid-19 sur le secteur touristique n'étant encore pas connue au moment de la rédaction, il est possible que certaines informations pratiques ne soient plus exactes à parution de ce guide.

Beffroi de l'hôtel de ville.
P. Turpin/Photononstop

TOUR
CREDIT LYONNAIS
COMMERCIALISATION
AUGUSTE THOUARD
20.06.99.00

Arriver à Lille

EN TRAIN

Gare de Lille-Flandres – À 5mn à pied du centre-ville.
Gare de Lille-Europe – À 10mn à pied du centre-ville.
Le meilleur moyen de rejoindre le centre-ville est... la marche tant la distance est proche et la promenade agréable ! Toutefois, il est possible de rejoindre l'hyper-centre en métro (ligne 1, station Rihour).
Seuls 600 m séparent les gares Lille-Europe et Lille-Flandres ; en cas de changement de gare, nous vous recommandons de faire la liaison à pied, les panneaux d'indications du quartier Euraflandres sont clairs, la balade est agréable et le trajet ne dure que 5mn.

EN AVION

Aéroport de Lille-Lesquin – À 11 km du centre-ville. 0 891 67 32 10 (0,23 €/mn) - www.lille.aeroport.fr.

Rejoindre le centre-ville

En bus – Arrêt de la navette devant l'immeuble CIC, face à la pl. des Buisses - dép. ttes les h - durée du trajet 20mn - 8 € AS, 10 € AR (ticket en vente auprès du chauffeur uniquement). Horaires depuis l'aéroport : 5h30-22h15 (dim. et j. fériés 9h30-22h15) ; depuis Euralille : 5h10-20h (dim. et j. fériés 7h-20h).
En taxi – 03 20 04 49 24 - comptez 25/30 € pour rejoindre le centre-ville.
En voiture – Cinq comptoirs de location de voitures se trouvent juste à la sortie du hall « Arrivées ».

PAR LA ROUTE

Lille est à la croisée de cinq autoroutes : A1 depuis Paris ; A22 depuis Gand et Anvers ; A23 depuis Valenciennes ; A25 depuis Dunkerque ; A27 depuis Bruxelles. L'accès au centre se fait par les anciennes portes de la ville.
Parkings – Des parcs relais (P+ R) permettent de se garer gratuitement à proximité d'une station de métro et de rejoindre facilement le centre-ville.
p. 112.

Métro

Deux lignes de métro, entièrement automatiques, avec une fréquence élevée : toutes les minutes aux heures de pointe, jamais plus de 6 minutes d'attente aux heures creuses.
***Horaires** – Lun.-sam. 5h12-0h30 (dim. 6h24-0h30). L'interconnexion entre les deux lignes de métro se fait à 2 stations : à la Porte-des-Postes (au sud) ou à la gare de Lille-Flandres (dans le centre). p. 112 et plan du métro et du tram au dos du plan détachable.*

La gare TGV Lille-Europe et la tour de Lille, architecte Christian de Portzamparc.
Ch. Stammers/LatitudeStock Images/age fotostock/ADAGP, Paris 2020

Les immanquables

notre sélection des plus beaux sites

Grand'Place★★
Plan détachable E4 - p. 16

Palais des Beaux-Arts★★★
Plan détachable E5 - p. 20

LaM★★ à Villeneuve d'Ascq
Plan p. 61 - p. 59

Vieille Bourse★★
Plan détachable E4 - p. 18

Vieux Lille★★★
Plan détachable DE 3-4 - p. 29

Villa Cavrois★★ à Croix
Plan p. 67 - p. 54

La Piscine★★ à Roubaix
Plan p. 53 - p. 50

Cathédrale Notre-Dame- de-la-Treille★ et son portail★★
Plan détachable E3 - p. 29

Nos coups de cœur

- **Grimper en haut du beffroi de l'hôtel de ville**, mélange de style Art déco et d'art flamand, pour découvrir la vue sur Lille et ses environs à 360°, tout en écoutant l'histoire de la cité grâce à l'audioguide. *Voir p. 26.*

- **Déguster des moules-frites** dans les rues de Lille le premier week-end de septembre pendant la **Braderie** et se laisser emporter par l'atmosphère festive. *Voir p. 132.*

- **Déambuler le nez en l'air** dans les ruelles tortueuses du Vieux Lille. Suivre son instinct ou opter pour la passionnante visite guidée, organisée chaque jour par l'office de tourisme, puis s'installer à l'une des terrasses de la Grand'Place. *Voir p. 16, 29 et 114.*

R. Soberka/hemis.fr

Cour intérieure de l'Hospice Comtesse.

- **Plonger dans La Piscine**, ancien bassin municipal de Roubaix, chef-d'œuvre de l'Art déco réhabilité en musée. Admirer les sculptures le long du bassin et les diverses collections exposées dans les anciennes cabines de douche et autour du jardin. Puis prendre un café au zinc de la cafétéria datant de 1932. *Voir p. 50 et 85.*

- **Bruncher en terrasse**, dans l'ancienne gare St-Sauveur, réhabilitée en lieu culturel dynamique pris d'assaut par les familles le week-end. *Voir p. 27 et 81.*

- **Boire un vin chaud** pendant le marché de Noël, faire un tour de grande roue et se laisser griser par le panorama extraordinaire sur la Grand'Place, le Vieux Lille et la ville illuminée. *Voir p. 117.*

- **Découvrir les trésors** de l'Hospice Comtesse à travers les siècles, en parcourant cet ancien hôpital

- **Se promener à Wazemmes** un jour de **marché** à l'ambiance cosmopolite. Déjeuner dans l'un des sympathiques cafés alentour ou sous la halle. *Voir p. 42 et 77.*

O. Leclercq/hemis.fr

Marché de Wazemmes.

médiéval, transformé en hospice au 18e s. puis en orphelinat, avant de devenir le musée d'art et d'histoire de la ville. *Voir p. 32.*

Succomber au charme de la villa Cavrois, splendide réalisation d'architecture et de décors modernistes, « œuvre d'art totale », pensée par Robert Mallet-Stevens. Apprécier les jeux de couleurs, de volumes et de lumières. Se promener dans le jardin pour admirer le reflet de la villa sur le plan d'eau. *Voir p. 54.*

Explorer les propositions artistiques de Lille 3000, foisonnant rendez-vous culturel. Découvrir des installations et des réalisations insolites et ouvertes sur les cultures du monde. Respirer un air chargé de dynamisme et de créativité. *Voir p. 132.*

Observer le mélange des styles architecturaux de la **cathédrale Notre-Dame-de-la-Treille**, en particulier sa singulière façade contemporaine dotée d'un superbe portail sculpté en bronze entouré d'un assemblage de plaques de marbre blanc et d'une résille métallique. *Voir p. 29.*

Lille en 3 jours

JOUR 1

Matin

Commencez la balade **place Rihour** avec son palais gothique *(p. 19)*. La rue Rihour, bordée de cafés et, côté pair, de façades travaillées (17e s.) mène à la **Grand'Place★★** *(p. 16)*, centre névralgique de la ville. Elle présente un bel aperçu de l'architecture du 17e au 20e s. dont les maisons à mansardes de la **Vieille Bourse★★** *(p. 18)*. Déambulez ensuite dans le **Vieux Lille★★★** *(p. 29)* aux façades colorées des 17e et 18e s. Ne manquez pas la cathédrale **Notre-Dame-de- la-Treille★** *(p. 29)*, le musée de l'**Hospice Comtesse★**, la **rue de la Monnaie★** *(p. 32)*, l'une des plus anciennes de Lille.

Midi

Pour déjeuner dans le Vieux Lille, vous aurez l'embarras du choix *(p. 73)*.

Après-midi

Cap à l'ouest sur la **citadelle★** *(p. 38)*, œuvre de Vauban (visite certains jours sur réservation auprès de l'office de tourisme). Poumon vert de Lille, le **parc de la Citadelle★** *(p. 40)*, que vous pouvez découvrir à vélo, abrite aussi un zoo. Poursuivez par la visite de la **maison natale de Charles de Gaulle★** *(p. 36)*.

Soir

Goûtez à la cuisine flamande maison (carbonnade, welsh et frites), accompagnée d'une bière artisanale dans un estaminet du Vieux Lille. Prolongez ensuite la soirée dans un bar du quartier, rue Royale.

Une journée de plus ?

*Le **musée d'Histoire naturelle et de Géologie★** (p. 28) ou une balade à vélo le long du canal de la Deûle le matin puis escapade à **Tourcoing** (p. 56) pour la visite du centre, de l'IMA et du MUba Eugène-Leroy.*

JOUR 2

Matin

Direction **Lille centre** : l'**hospice Gantois★** *(p. 24)*, la porte de Paris et l'hôtel de ville. Grimpez les marches du **beffroi★** *(p. 26)* pour une vue imprenable sur le plat pays. Explorez ensuite le **quartier de la gare St-Sauveur** *(p. 27)*, sans oublier la façade Art nouveau de la **maison Coilliot**, construite d'après les plans d'Hector Guimard *(p. 28)*.

Midi

Déjeuner à la gare St-Sauveur ou pique-nique sur les pelouses du parc Jean-Baptiste-Lebas aux marronniers centenaires.

Après-midi

Découvrez des chefs-d'œuvre du 15e au 20e s. au **palais des Beaux-Arts★★★** *(p. 20)* puis parcourez la **rue de Béthune**, artère commerçante aux belles façades Art déco *(p. 23)*.

Soir

Consultez le programme des lieux pluriculturels comme le **Tripostal** *(p. 48)*, la **gare St-Sauveur** *(p. 27)*, la **maison Folie Wazemmes★** *(p. 42)* ou celle de **Moulins** *(p. 44)* qui organisent de nombreux événements, en particulier lors des éditions de Lille 3000 *(p. 132)*.

JOUR 3

▶ ***Matin***

Petit tour à **Wazemmes** *(p. 42)*, sympathique quartier cosmopolite (marché animé, épiceries variées, brocanteurs, bouquinistes, cafés). Découvrez les courées autour des rues de Wazemmes (Cité philanthropique), des Postes (cité des Postes), Jules-Guesde et de la Justice (cité des Jardins).

▶ ***Midi***

Déjeunez à petit prix sur le marché ou alentour *(p. 77)*.

▶ ***Après-midi***

Selon vos préférences, direction Croix pour une visite de la **villa Cavrois★★** *(p. 54)* ou Villeneuve d'Ascq pour une plongée dans l'art moderne, l'art contemporain et l'art brut au **LaM★★** *(p. 59)*. Ou immergez-vous dans **la Piscine★★** de Roubaix, splendide complexe Art déco réhabilité en musée *(p. 50)*.

▶ ***Soir***

Une dernière soirée dans le Vieux Lille, les options ne manquent pas !

P. Alix/Iconotec/age fotostock

Façades du rang du Beauregard.

Visiter Lille

La grande roue du marché de Noël.
Y. Guichaoua/iTravelstock collection/age fotostock

Lille aujourd'hui

Grand'Place

D'où que l'on vienne, c'est vers la **Grand'Place** (son nom officiel est place du Gén.-de-Gaulle) que l'on se dirige. Ce quadrilatère imposant est bien à l'image de la capitale des Flandres. La Vieille Bourse témoigne de la puissance commerciale de Lille dès le Moyen Âge, les édifices de *La Voix du Nord* ou du Furet du Nord de son rayonnement intellectuel et culturel. C'est ici que son cœur bat. Les bars étalent leur terrasse dès les premiers beaux jours. On déguste une bière, on s'offre un en-cas flamand, avant de se rendre vers un autre lieu festif.

La place fait la jonction entre les différents quartiers de la ville. Au nord, on glisse vers le **Vieux Lille,** partie de la ville la plus ancienne, la plus charmante. Au sud, direction le centre plus récent, commerçant et administratif, très animé également. À l'ouest se dessine l'histoire militaire de la ville, et celle de la bourgeoisie enrichie par sa florissante industrie. Ici, l'ambiance est estudiantine avec les très nombreux établissements de l'université catholique.

Enfin, à l'est, une fois passée la place du Théâtre, sorte de second rideau monumental de la Grand'Place que dominent l'Opéra et la chambre de commerce, on file à vive allure vers le futur : le quartier **Euralille**. Ce centre moderne, aéré, accueille des immeubles de bureaux, un centre commercial et des tours qui se dressent et enjambent la gare Lille-Europe tandis qu'à leur pied fourmille une population en transit.

Une ville « habitée »...

Lille est une cité remuante, grouillante même à certains endroits, une cité où les habitants aiment se promener et s'amuser. On parle toujours du sens de l'accueil des gens du Nord. On devrait surtout s'enthousiasmer pour leur capacité à incarner leur ville. Plus qu'un monument emblématique, c'est sa population qui donne son âme à Lille.

... et reconquise

Depuis qu'elle a été nommée Capitale européenne de la culture, en 2004, Lille a réussi à s'approprier ce visage humain. D'une place forte contrainte, puis concentrée sur son industrialisation galopante mais aujourd'hui révolue, elle a laissé de côté sa réputation de ville laborieuse pour celle d'une cité luxuriante et dynamique, qui a autre chose à apporter que sa riche histoire industrielle.

Une place forte

Depuis, Lille a prouvé qu'elle était une ville qui comptait. Bastion militaire hyperprotégé par la belle citadelle de Vauban et par une série de forts plus récents (Bondues, Seclin...), Lille a longtemps vécu enfermée. Dans ses remparts, en partie détruits en 1858, puis dans un développement industriel, centré sur le textile et l'agroalimentaire, qui l'a vite hissée, avec ses voisines Roubaix et Tourcoing, au deuxième rang des pôles économiques de l'époque. Le 20e s. a été celui d'un long déclin, qui a forcé la cité à se remettre en cause.

Un carrefour européen et culturel

Lille a choisi de s'appuyer sur ses points de force pour revenir sur le devant de la scène européenne. Ses anciennes usines sont devenues des logements, des lieux de culture (les maisons Folie, la gare St-Sauveur) ou des pôles économiques innovants (Le Fresnoy, L'Imaginarium à Tourcoing ou Euratechnologies à Lomme). Ouverte sur le monde, elle bénéficie d'une situation géographique exceptionnelle puisqu'elle se situe à une heure de trois capitales européennes, Londres, Bruxelles et Paris. Capitale des Flandres, Lille apporte une offre culturelle riche et variée : son palais des Beaux-Arts est l'un des plus beaux musées de France, sa scène musicale et artistique est plus qu'active, ses traditions, qu'il s'agisse des géants, de son incontournable braderie ou de sa gastronomie, sont manifestement pétillantes et appréciées.

Une métropole puissante

En intégrant 90 communes voisines comprenant plus d'un million d'habitants, la **Métropole européenne de Lille** joue plus encore la carte de la complémentarité. On ne vient plus à Lille mais dans une agglomération dense et vaste, qui va même jusqu'à grignoter la frontière belge, bien desservie par un réseau de transports en commun. De ce fait, l'offre de Lille s'est étoffée. En passant sans difficulté d'une commune à l'autre, on visite La Piscine de Roubaix le matin et le LaM de Villeneuve d'Ascq l'après-midi, avant de dîner dans un estaminet du Vieux Lille et de partager une bière brassée sur place dans un des nombreux bars très fréquentés du centre…
Car tout le monde vous le dira, dès que la température se réchauffe un peu, les Lillois vivent dehors et l'on constate très vite que leur sens de la fête, comme leur hospitalité, ne sont pas des qualités usurpées !

R. Soberka/hemis.fr

Foule dans les rues de Lille pendant la braderie.

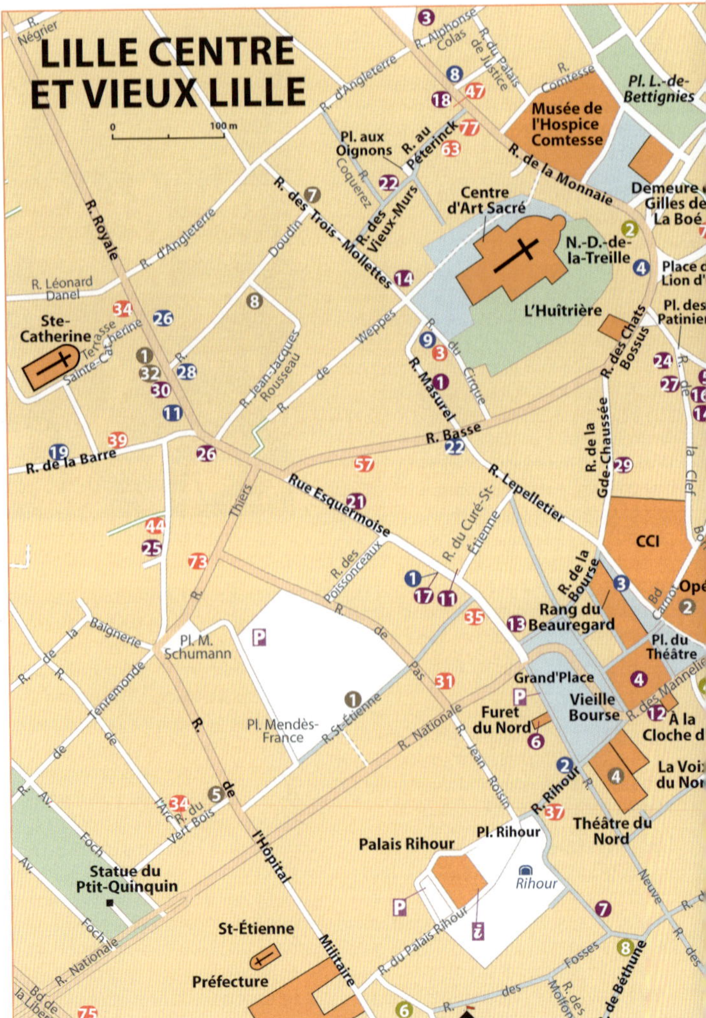
LILLE CENTRE ET VIEUX LILLE
0
100 m
R. Négrier
R. Alphonse Colas
R. du Palais de Justice
R. Comtesse
Pl. L.-de-Bettignies
Musée de l'Hospice Comtesse
R. d'Angleterre
Pl. aux Oignons
R. au Péterinck
R. de la Monnaie
Demeure Gilles de La Boé
Centre d'Art Sacré
N.-D.-de-la-Treille
R. Coquerez
R. des Vieux-Murs
R. des Trois-Mollettes
R. Doudin
R. Royale
R. d'Angleterre
Place du Lion d'Or
L'Huîtrière
Pl. des Patiniers
R. Léonard Danel
Ste-Catherine
Terrasse Sainte-Catherine
R. de Weppes
R. du Cirque
R. Masurel
R. des Chats Bossus
R. Jean-Jacques Rousseau
R. Basse
R. de la Gde-Chaussée
R. de la Barre
Rue Esquermoise
R. Lepelletier
R. de la Clef
R. Thiers
R. du Curé-St-Étienne
CCI
R. des Poissonceaux
R. de la Bourse
Bd Carnot
Rang du Beauregard
Pl. du Théâtre
R. de la Baignerie
R. de Tenremonde
Pl. M. Schumann
R. de Pas
Grand'Place
Vieille Bourse
R. des Manneliers
À la Cloche d
Furet du Nord
Pl. Mendès-France
R. St-Étienne
R. Nationale
R. Jean Roisin
La Voix du Nord
R. Rihour
Théâtre du Nord
R. de l'Arc
R. du Vert Bois
R. de l'Hôpital Militaire
Pl. Rihour
Palais Rihour
Rihour
Av. Foch
Statue du Ptit-Quinquin
R. Neuve
St-Étienne
R. du Palais Rihour
R. des Fosses
R. de Béthune
Préfecture
R. Nationale
Bd de la Liberté
R. des Molfonds

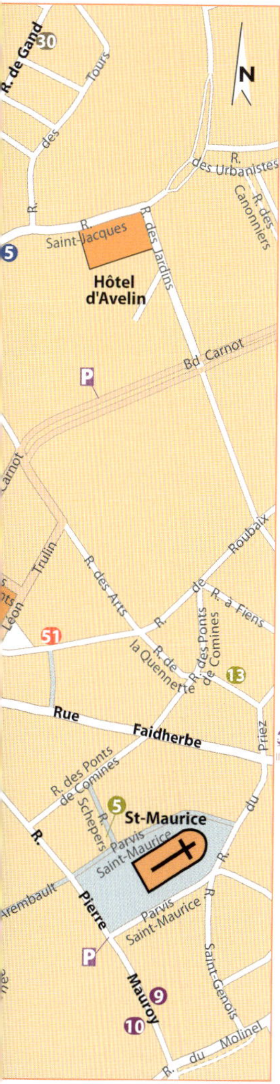

SE LOGER

Best Western Premier Why Hôtel ... 6
Hôtel Brueghel ... 5
Hôtel Carlton ... 4
Hôtel de la Treille ... 2
Hôtel Kanaï ... 8
Hotel UP ... 13

SE RESTAURER

L'Arrière-Pays ... 57
L'Assiette du Marché ... 77
Au Goût du Jour ... 39
Le Barbier qui Fume ... 47
Le Barbue d'Anvers ... 35
Bloempot ... 44
La Bottega ... 63
Brasserie Coke ... 73
Brasserie La Chicorée ... 37
La Clairière ... 75
Handshake Coffee ... 34
Jour de Pêche ... 31
Le Melting Pot ... 51
Paddo Café ... 3
Papà Raffaele ... 74

PRENDRE UN VERRE

Au Moulin d'Or ... 3
BD + Café ... 11
Bierbuik ... 28
Clarance ... 19
Gelato & Coffee ... 22
L'Illustration ... 5
L'Imaginaire ... 4
Méo ... 2
La Part des Anges ... 8
Le Parvis de la Treille ... 9
Pâtisserie Meert ... 1
Unami ... 26

SHOPPING

L' Abbaye des Saveurs ... 22
Alex Croquet ... 21
Au Chat Bleu ... 12
Aux Merveilleux de Fred ... 18
La Botte Chantilly ... 29
Boulangerie-pâtisserie Valérie et Raphaël Brier ... 26
Chocolat de Beussent-Lachelle ... 13
Les Cousines de Léon ... 30
Culture Denim ... 14
Fromager Delassic ... 24
Le Furet du Nord ... 6
Le Gallodrome ... 7
Grand Playground ... 10
Julie Meuriss ... 16
Little and Tall ... 1
Marché aux livres anciens ... 4
Marché du Vieux Lille ... 3
Le Pain de nos Ancêtres ... 25
Pâtisserie Meert ... 17
Philippe Olivier ... 11
Rocambole ... 27
Quentin Bailly Chocolatier ... 5
Slowmod ... 9

SORTIR

Bierbuik ... 32
La Capsule ... 7
Le Kremlin ... 8
La Ressourcerie ... 5
Monsieur Jacques ... 30
Opéra de Lille ... 2
Orchestre national de Lille ... 1
Théâtre du Nord ... 4

Lille centre★★

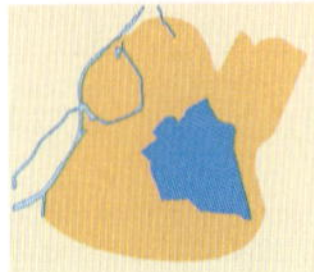

C'est dans ce quartier central et finalement relativement récent, puisqu'il a émergé au milieu du 19e s., que bat le cœur de la métropole lilloise, dans un astucieux mélange de bâtiments historiques d'époques très différentes : on délaisse facilement le Moyen Âge pour les années 1930 juste en traversant la rue Pierre-Mauroy, en passant de l'Hospice Gantois à l'hôtel de ville. Pourtant l'ensemble crée une unité. C'est autour de la Grand'Place, elle aussi chahutée par l'histoire entre sa magnifique Vieille Bourse et l'immeuble imposant de « La Voix du Nord », que l'âme de Lille se joue : dans ses restaurants, dans ses cafés, autour de ses rues piétonnes et commerçantes, toujours fréquentées, de jour et jusqu'à très tard si l'on pousse jusqu'à la rue Solférino, fief des nuits étudiantes agitées et arrosées.

▶**Accès :** Délimité au nord par le Vieux Lille et le bd Carnot qui mène à Roubaix, par Euralille à l'est, par la rue Solférino et le quartier St-Sauveur au sud et à l'ouest par le quartier Vauban, Lille Centre est parfaitement desservi par le métro et le bus.

Plan de quartier p. 14-15. Plan détachable EF4-5.

▶**Conseils :** Lille Centre mérite deux visites. En journée quand la ville est très animée et les commerces ouverts, le soir pour ses bars et ses restaurants variés.

« Nos adresses » p. 70, 80, 86, 95 et 101.

GRAND'PLACE★★ (PL. DU GÉNÉRAL-DE-GAULLE)

E4 Place du marché au Moyen Âge, la Grand'Place a toujours été le centre de l'activité lilloise. L'histoire de la ville peut se lire comme une bande dessinée dans l'architecture des bâtiments de la place. L'édifice le plus ancien est la Vieille Bourse (*p. 18*). À peine 60 ans plus tard (1717), après la conquête de la ville par Louis XIV, est érigée l'austère caserne de style classique qui abrite aujourd'hui le **théâtre du Nord**. On voit comment le Roi-Soleil a voulu imposer son pouvoir sur la ville, à travers le choix des matériaux notamment : pas de briques, pas de décoration. À côté, le siège du quotidien **La Voix du Nord** (1936) a une façade remarquable : pignon traditionnel dit « à pas de moineaux », blasons des villes des éditions locales du journal, et sur le faîte les trois grâces qui symbolisent les provinces de la région : Flandre, Hainaut et Artois. Sur le terre-plein central, la **colonne de la Déesse** (1845), tenant un boutefeu, personnifie la résistance héroïque de Lille lors du siège contre les Autrichiens en 1792. À gauche, le **Furet du Nord** est l'une des plus grandes librairies d'Europe : 7000 m²

Terrasse de café sur la Grand'Place avec le beffroi de la chambre de commerce et d'industrie.

LANCEL
LANCEL
ARDI
COQ HARDI

de livres et produits culturels *(voir Nos adresses p. 86)*.

VIEILLE BOURSE★★

E4 *Tous les après-midis (sf lun.) s'y tient un marché aux livres d'occasion, et parfois des rencontres de joueurs d'échecs. Soirées tango les dim. d'été (19h-22h).*
Jouxtant le flanc nord-est de la place, la Vieille Bourse fut construite en 1653 à la demande des commerçants; elle devait rivaliser avec les bourses des grandes villes des Pays-Bas. 24 maisons à mansardes (6 par côté, chacune ayant 2 fenêtres sur le pignon) encadrent une cour rectangulaire où avaient lieu les transactions. Julien Destrée, qui a conçu l'ensemble et décoré les façades, était sculpteur sur bois. Les guirlandes, mascarons, grappes de fruits et chutes de fleurs qui ornent la façade sont les symboles de la richesse des familles commanditaires du bâtiment. À l'intérieur, sous les arcades, bustes en bronze, médaillons, angelots et cartouches honorent les sciences. Remarquez également la décoration des gouttières.
Rue des Manneliers, qui longe la Bourse par la droite, ne manquez pas la très belle vitrine Art nouveau de la bijouterie Bossut **(À la Cloche d'Or)**.

PLACE DU THÉÂTRE

E4 Elle apparaît dans le prolongement de la Grand'Place et doit son nom à un théâtre détruit par un incendie en 1903. En 1907, l'architecte lillois Louis-Marie Cordonnier est chargé de construire à sa place un **opéra** de style Louis XVI, puis l'imposante **chambre de commerce et d'industrie** (1906-1914) et son beffroi haut de 76 m, qu'il bâtit dans un style néorégionaliste.
Le hall d'honneur de la CCI est une magnifique salle Art déco à la verrière majestueuse *(ouv. lun.-vend. 9h-17h hors location pour événements)*. Juste en face, le **rang du Beauregard★** (un « rang » est un alignement de maisons), dont les pilastres sont surmontés d'élégants cartouches, est l'ensemble le plus caractéristique de l'architecture lilloise de la fin du 17e s., synthèse du style français et de la tradition architecturale locale.
Juste à côté, dans la rue Léon-Trulin, se trouve la statue de **Léon Trulin** (1934, Edgar Boutry), jeune patriote fusillé pour faits de trahison, par l'occupant allemand, lors de la Première Guerre mondiale.

RUE DE LA BOURSE

E4 Observez le bel ensemble de façades du 18e s., décorées d'anges joufflus et de masques au 1er étage. Au n° 8, un hommage à Louis Blériot, natif de Cambrai et premier homme à avoir survolé la Manche en 1909.

GARE LILLE-FLANDRES

EF4 *Pl. des Buisses.*
La façade de la gare Lille-Flandres est celle de l'ancienne gare du Nord de Paris, réalisée en 1846 et remontée pierre par pierre dans la capitale des Flandres en 1869. L'étage supérieur et la pendule ne faisaient pas partie du bâtiment d'origine. Sur le parvis de la

gare trône *Romy*, présence féminine douce et bienveillante qui accueille le voyageur fatigué. Cette sculpture jaune pop est l'œuvre de Xavier Veilhan. Du parvis, belle perspective sur la **rue Faidherbe**, percée haussmannienne de 1870 qui relie la gare à la ville.

HÔTEL SCRIVE

E4 *3 r. du Lombard - ne se visite pas.* En 1821, l'industriel A.-D. Scrive-Labbe installa la première machine à carder dans cet hôtel (1773), aujourd'hui siège de la direction régionale des Affaires culturelles.

RUE RIHOUR

E4 Cette allée piétonne, qui relie la la Grand'Place à la place Rihour, est bordée de cafés et de restaurants très fréquentés. Sur la gauche, les façades sont caractéristiques de l'architecture du 17e s. où se mêlent les influences flamande et française.

PALAIS RIHOUR

E4 *Pl. Rihour - ✆ 0 891 56 20 04 - www.lilletourism.com - rez-de-chaussée 9h30-18h, dim. 10h-16h30 - 1er étage en fonction des expositions, horaires, se rens. - gratuit.* De style gothique, il fut construit entre 1454 et 1473 pour Philippe le Bon et témoigne de l'époque où les ducs de Bourgogne régnaient sur la ville. Le bâtiment a ensuite abrité à partir de 1664 l'hôtel de ville jusqu'à sa destruction par un incendie en 1916. Il ne reste de l'immense construction originelle qu'un escalier d'honneur et deux chapelles superposées ainsi qu'une belle façade ornée de fenêtres à meneaux et d'une tourelle octogonale de brique. À l'intérieur, la salle des Gardes, qui abrite l'**office de tourisme**, est voûtée d'ogives élancées *(rdc)*. Au-dessus, la chapelle dite « salle du Conclave » *(étage)* et l'oratoire ducal sont desservis par une cage d'escalier en pierre aux voûtes en réseau.

Accolé au palais Rihour, un massif **monument aux morts** a été érigé en 1927. Après une longue bataille entre la municipalité socialiste et les associations d'anciens combattants, il a été décidé d'y célébrer la paix, et non la patrie. On voit encore la trace de ces hésitations, le mot « paix » étant plus court de 2 lettres, l'inscription est un peu bancale.

RUE DE L'HÔPITAL-MILITAIRE

D4 Ancienne rue des Jésuites, elle perdit son nom quand l'hôpital militaire fut transféré dans le collège des Jésuites par ordonnance royale en 1781. Artère commerçante, riche en restaurants, elle relie aujourd'hui le centre plus récent au Vieux Lille.

ÉGLISE SAINT-ÉTIENNE

D4 *47 r. de l'Hôpital-Militaire.* Chapelle baroque du collège des Jésuites (1610), elle devint église paroissiale St-Étienne, après la destruction de l'ancienne église qui bordait la Grand'Place (comme en témoignent les noms des rues de Débris-St-Étienne ou du Curé-St-Étienne). Belle chaire (1828) signée du sculpteur François Rude.

STATUE DU P'TIT-QUINQUIN

D4 *Sq. Foch - r. Nationale.* Hommage à la *Chanson pour dormir* (*L'canchon dormoire*, en patois) composée par Alexandre Desrousseaux en 1853, qui conte l'histoire d'une dentellière s'évertuant à faire dormir son bébé. C'est une réplique de la statue originale (sculptée par Eugène Desplechin en 1902) exposée à l'hôtel de ville.

RUE JEAN-SANS-PEUR

D5 Duc de Bourgogne et comte de Flandre, Jean Sans Peur est connu pour avoir commandité l'assassinat du frère du roi en 1407 (Louis d'Orléans), ce qui déclencha une nouvelle guerre entre la Bourgogne et la France. Il se rapprocha ensuite de Charles VI, et c'est lors d'une de leurs entrevues qu'il fut assassiné en 1419. La rue qui porte son nom a été percée en 1865 et prolongée jusqu'à celle de l'Hôpital-Militaire en 1910.

PRÉFECTURE

D4-5 *Pl. de la République.* Édifice monumental signé Charles Marteau, la préfecture départementale et régionale a été construite de 1865 à 1905 à l'emplacement des anciennes fortifications, juste à la jonction de l'ancienne ville et de son extension vers les quartiers sud de Wazemmes, Moulins, etc., au milieu du 19e s.

BOULEVARD DE LA LIBERTÉ

D4-E6 Large avenue dite « de l'Impératrice » lors de sa percée en 1865, le boulevard de la Liberté a changé de nom à la chute de l'Empire, en 1870. Cette artère longue de 1,6 km qui relie le parc Jean-Baptiste-Lebas à la citadelle Vauban, a vite été préemptée par la riche bourgeoisie lilloise qui y fit construire bâtiments et maisons de ville cossus, dont l'hôtel Delbecque (nº 105) et les Bains lillois (nº 219 ter) construits par Albert Baert (l'architecte de La Piscine de Roubaix).

PLACE DE LA RÉPUBLIQUE

DE5 Érigée sur les fossés d'enceintes des anciennes fortifications lors de l'agrandissement de Lille, en 1858, cette vaste place est ceinte au nord-ouest par la préfecture, bâtiment monumental en pierre blanche, et au sud-est par le palais des Beaux-Arts, qui abrite un des plus grands musées de France. Une vaste esplanade en jardin les sépare depuis 1983, date de la mise en service du métro et de la construction d'un amphithéâtre à l'air libre. Face à la place Richebé, l'hôtel des Postes.

PALAIS DES BEAUX-ARTS★★★

E5 *Pl. de la République - Ⓜ République-Beaux-Arts - ✆ 03 2006 78 00 - www.pba-lille.fr - ♿ - tlj sf mar. 10h-18h, lun. 14h-18h - 7 € (-12 ans gratuit).*
Construit entre 1887 et 1892, il présente sur 22 000 m² des collections

Palais des Beaux-Arts, la salle des sculptures et les lustres de Gaetano Pesce

exceptionnelles. Les architectes Jean-Marc Ibos et Myrto Vitart ont édifié à l'arrière le **bâtiment lame** (1990), structure de 70 m de long et 6,50 m de large, dont la façade en verre sérigraphié renvoie l'image du palais, lui donnant ainsi la dimension qu'il aurait dû avoir à l'origine (le projet n'a jamais été réalisé). Il abrite les bureaux et le cabinet des Dessins *(sur RV pour les chercheurs)*. Entre ces bâtiments s'étend le jardin : au centre, une dalle de verre laisse entrer la lumière vers la salle d'expositions temporaires située au-dessous. L'entrée mène à un vestibule éclairé par de grands lustres en verre coloré, dus à l'Italien Gaetano Pesce. Libre accès à l'immense atrium qu'entoure une librairie-boutique, des espaces de médiation numérique et le café-restaurant le Beau Café.

Sous-sol

Archéologie – Œuvres du pourtour méditerranéen : Égypte, Chypre, Rome, Grèce (céramiques à figures noires).

Moyen Âge et Renaissance – Dans les galeries voûtées, la salle consacrée à l'Allemagne et à l'Autriche abrite un monumental retable dédié à saint Georges (Tyrol du sud, fin 15e s.). La salle suivante regroupe des œuvres françaises, italiennes et espagnoles du 12e au 15e s. : parmi les rares témoins de la sculpture romane de la région, fragments d'un haut-relief en calcaire figurant la Déposition de Croix ; ivoires provenant d'abbayes du nord de la France, *Vieillard de l'Apocalypse* (St-Omer, vers 1100) ; fameux encensoir en laiton finement ciselé et doré (art mosan du 12e s.), formé de deux coupes hémisphériques avec au sommet les trois jeunes Hébreux. L'art gothique est abondamment représenté : une croix-reliquaire (1200-1220) qui aurait contenu un morceau de la Vraie Croix ; le superbe *Festin d'Hérode*, le plus beau bas-relief en marbre de Donatello conservé en France. Dans la galerie des Anciens Pays-Bas (15e et 16e s.), deux volets d'un triptyque de Dirk Bouts, pièces majeures de la collection, et le triptyque du *Bain mystique* de Jean Bellegambe.

Plans-reliefs★ –La grande salle expose 15 plans-reliefs fraîchement restaurés dans un espace désormais interactif. Les villes représentées sont à la frontière nord du « pré carré » à l'époque de Louis XIV. Sept sont **françaises** : Aire-sur-la-Lys, Avesnes (1822), Bergues, Bouchain, Calais (1690), Gravelines (1758) et Lille (1743). Sept sont **belges** : Audenarde (1746), où l'on remarque la précision des détails et des couleurs, Charleroi, Menin, Namur, Ostende, Tournai et Ypres. Enfin, la quinzième est **hollandaise** : Maastricht.

Rez-de-chaussée

Galerie de Céramique – Belle collection de majoliques italiennes, de faïences de Nevers, Rouen, Lille, Strasbourg et du midi de la France, de Delft, de grès allemands et wallons, de porcelaines de Chine et du Japon.

Galerie de Sculpture – Dans la rotonde, le *Chevalier errant* de Frémiet ; à l'opposé, le *Napoléon Ier, protecteur de l'industrie* d'Henri Lemaire. Panorama de la sculpture française : David d'Angers *(Les Bienfaits de l'imprimerie en*

Europe, maquettes pour le monument dédié à Gutenberg à Strasbourg érigé en 1840-1844), Préault (40 médaillons en bronze figurant des personnalités), Camille Claudel *(Giganti, Louise de Massary)* et Bourdelle *(Pénélope)*.

Premier étage

Peintures accrochées de façon chronologique, stylistique et thématique autour de l'atrium. *L'accrochage est régulièrement renouvelé.*

École flamande – Plusieurs toiles de Jordaens, traitant de genres différents : religieux *(Tentation de sainte Madeleine)*, mythologique *(L'Enlèvement d'Europe)* ou rustique *(Le Piqueur et ses chiens)* ; son étude de vaches sera reprise par Van Gogh. Parmi les tableaux d'autel : *Christ en Croix* de Van Dyck pour le couvent des Récollets, et la *Tentation de saint Antoine* de Teniers le Jeune. Chef-d'œuvre de Rubens : la *Descente de Croix*.

École française du 17e au 19e s. – Œuvres de Pieter van Mol *(Annonciation)* et de Charles de La Fosse *(Remise des clefs à saint Pierre)*. Petits formats de Philippe de Champaigne *(Nativité)*, La Hyre *(Paysage pastoral)*, Largillière *(Portrait de J.-B. Forest)*, Le Sueur et Chardin *(Le Gobelet d'argent)*. Toiles de Louis Watteau *(Vue de Lille)* et de son fils François *(Bataille d'Alexandre)*. Bel ensemble de Boilly : *Le Jeu du pied de bœuf, Le Triomphe de Marat* et portraits. Peintures néoclassiques de David *(Bélisaire demandant l'aumône)*, romantique de Delacroix *(Médée furieuse)*, réaliste de Courbet *(L'Après-dînée à Ornans)*, impressionniste de Monet *(Le Parlement de Londres)* et symboliste de Puvis de Chavannes *(Le Sommeil)*.

Galerie d'Arts graphiques – Cette galerie présente par roulement un choix de dessins issus du cabinet des Dessins du musée, riche de plus de 4 000 feuilles.

Galerie d'Actualité – Ouverte sur l'atrium, cette galerie reçoit une sélection temporaire de peintures et de sculptures, et présente régulièrement les récentes acquisitions et restaurations du musée.

Galerie hollandaise – Chefs-d'œuvre de Lastman *(Mise au tombeau)* et d'E. de Witte *(Intérieur de la Nieuwe Kerk de Delft)*. Natures mortes de Van der Ast et de Van Beyeren. Paysages de Ruisdael *(Le Champ de blé)* et de Van Goyen *(Les Patineurs)*. Scènes de genre.

Galerie italienne (16e au 17e s.) et Pavillon espagnol – *Moïse sauvé des eaux* de Johann Liss, une *Esquisse pour le Paradis* de Véronèse et le *Portrait d'un sénateur vénitien* du Tintoret illustrent la peinture vénitienne. L'école espagnole est d'une grande qualité : *Saint François en prière devant le crucifix* du Greco ; *Saint Jérôme* de Ribera ; *Les Jeunes* et *Les Vieilles*, remarquables toiles de Goya, féroce satire de son siècle.

RUE DE BÉTHUNE

E4-5 Magasins, brasseries typiques, cinémas, etc. Les commerces se succèdent dans cette avenue piétonne, l'une des plus célèbres et des plus fréquentées de la ville. Ancienne rue Notre-Dame, elle porte depuis 1793 le nom de la ville à laquelle elle mène. Jusqu'au milieu du 19e s., elle donnait sur la porte de Béthune (détruite vers 1920), désormais place Richebé, qui était une des principales portes d'entrée de Lille.

ÉGLISE SAINT-MAURICE★

***E4** Parvis St-Maurice - Ⓜ Mairie-de-Lille - ✆ 03 20 06 07 21 - www.fraternitedesparvis.com - ♿ - 11h-18h, sam. 11h-19h, dim. 15h-19h30.*

L'église trône en plein cœur du centre piéton et commerçant de Lille, entre la gare Lille-Flandres et la rue Pierre-Mauroy. C'est un bel exemple d'église-halle de style gothique (du 15e au 19e s.), aux cinq nefs d'égale hauteur. Dans la chapelle du faux transept gauche, le Christ de Pitié (16e s.) est recouvert d'un manteau de velours et vénéré sous le vocable de « Jésus flagellé ». Au milieu de la nef, admirez la superbe chaire en bois sculpté. Au sud de l'église, voyez la croix de St-Maurice (1729) et la maison du Renard (1660), et rue Pierre-Mauroy, au nº 74, la maison des Trois Grâces.

RUE PIERRE-MAUROY

E4-5 Prolongement urbain de la N 17, qui relie Lille à Paris, l'ancienne **rue de Paris** a pris en 2017 le nom de l'illustre maire de la ville de Lille (de 1973 à 2001). Elle sillonne de la porte de Paris, au sud, à la Vieille Bourse, en plein cœur de la ville. Elle dessert l'hôtel de ville et l'Hermitage Gantois, deux bâtiments emblématiques de Lille. Remarquez de belles enfilades de façades (nos 34-36, 100-108b, 112-116, 120-122).

Au nº 191, **ancien refuge de l'abbaye de Marchiennes** qui hébergeait les religieux de passage. Porche du 16e s., maison du 18e s.

Cour des Brigittines – *69 r. Gustave-Delory.* Il faut traverser un passage couvert pour découvrir, cachée, cette cour bordée de maisonnettes, un ancien couvent qui fut, dit-on, le théâtre d'événements surnaturels.

HOSPICE GANTOIS★

***E5** 224 r. Pierre-Mauroy - Ⓜ Mairie-de-Lille - ✆ 03 20 85 30 30 - www.hotelhermitagegantois.com - ♿ - visite guidée (1h) mar. 14h30 - gratuit.*

Fondé en 1462 par Jean de la Cambe, dit Gantois, il a accueilli jusqu'en 1995 des personnes âgées défavorisées et des malades, et abrite désormais un hôtel de luxe alliant styles d'époque et contemporain. De l'extérieur, le pignon de la salle des Malades (15e s.) est encadré de bâtiments du 17e s. *(r. Pierre-Mauroy).* Remarquez les sculptures des vantaux de la porte (1664), typiques de l'abondance architecturale flamande.

À l'intérieur, l'hôtel ouvre les portes de la salle des Malades (fresque du 15e s. et création de nouveaux vitraux en 2003, à partir de motifs anciens) et de la chapelle du 17e s., assez grande pour un hôpital. Admirez les tableaux anversois inspirés de Rubens

L'hôtel de ville et son beffroi

et les boiseries du 18e s.
La visite se poursuit dans les différentes cours (d'Honneur, des Sœurs…) et dans le salon des Sœurs, aujourd'hui transformé en salle de réception. Une extension, reprenant le style flamand, mais dans une version métallique moderne, accueille le Spa.

PORTE DE PARIS★

E6 Construite de 1685 à 1692 par Simon Vollant en l'honneur de Louis XIV, dont elle célèbre la prise de Lille en 1667, elle faisait partie des remparts. C'est le seul exemple d'une porte de ville faisant office d'arc de triomphe. Côté faubourg, elle se présente comme une arcade décorée des armes de Lille (un lys) et de la France (trois lys). Au sommet, la Victoire s'apprête à couronner Louis XIV, représenté en médaillon. Côté ville, la porte ressemble à un pavillon.

HÔTEL DE VILLE ET BEFFROI★

EF5 Après l'incendie du palais Rihour (1916), la municipalité socialiste a décidé de reconstruire l'hôtel de ville en plein cœur du quartier ouvrier, et non dans le centre historique. Ce bâtiment au style néorégionaliste (architecte lillois Émile Dubuisson, 1927), aux dimensions grandioses (dans le projet initial, le beffroi se situait au centre de la façade), utilise un matériau moderne, le béton, pour la structure comme pour le décor. Il s'organise autour d'une galerie longue de 143 m à la décoration Art nouveau et Art déco et accueille une riche collection d'art contemporain répartie dans tous ses espaces. Dans la salle du conseil, une fresque (1988) du peintre islandais Erró (1932) relate sous forme de bande dessinée l'histoire de la ville.
Beffroi★ – *✆ 0891 56 20 04 - www.lilletourism.com - 10h-13h, 14h-17h30 - 7,50 €, 6 € réserv. en ligne (-6 ans gratuit).* L'hôtel de ville est dominé par le plus haut beffroi de la région (104 m) à la base duquel sont sculptés les deux géants de Lille, Lydéric et Phinaert. Y monter se mérite, mais la **vue** à 360° est superbe et l'audioguide intéressant. Après les 109 premières marches (env. 4 étages), l'ascension se poursuit soit par l'escalier, soit par l'ascenseur d'époque. 20 marches plus haut, terrasse à l'air libre.

NOBLE TOUR

F5 Ce donjon, seul témoin de l'enceinte du 15e s., est devenu un mémorial de la Résistance. Belle composition du sculpteur Bizette-Lindet.

PAVILLON SAINT-SAUVEUR

F5 C'est l'aile du cloître (18e s.) conservée lors de la démolition d'un hospice, en 1959. Les arcades sont surmontées de hautes fenêtres à médaillons fleuris.

CHAPELLE DU RÉDUIT

F6 Seul vestige du fort du Réduit, construit à la même époque que la citadelle, elle garde une jolie façade Louis XIV, ornée des armes de France et de Navarre.

MUSÉE DE L'INSTITUT PASTEUR DE LILLE

F6 *18 bd Louis-XIV - Ⓜ Lille-Grand-Palais - www.pasteur-lille.fr - ♿ - sam.-dim. 10h-12h, 14h-17h - 5 € (-12 ans gratuit).*
Rénové et complètement repensé, le musée prend place sous les appartements d'Albert Calmette, élève de Louis Pasteur et premier directeur de l'Institut lillois créé en 1899 à la suite d'une épidémie de diphtérie dans la ville. On retrace la vie et l'œuvre de Louis Pasteur et des deux découvreurs du vaccin contre la tuberculose (BCG), Albert Calmette et Camille Guérin, à travers une scénographie mêlant art et science grâce à de pertinentes installations numériques du collectif Les Yeux d'Argos. Les éprouvettes, fioles à vide, microscopes en cuivre nous replongent dans les conditions de recherche et de travail de ces trois savants et témoignent de l'histoire de cette prestigieuse institution lilloise. Aujourd'hui encore, l'Institut Pasteur de Lille est à la pointe de la recherche scientifique, une salle en détaille les enjeux et les travaux actuels.

ÉCOLE DES ARTS ET MÉTIERS

F6 *8 bd Louis-XIV - ✆ 03 20 62 22 10 - www.ensam.eu - se rens. pour les visites (exceptionnelles).*
Son implantation a été décidée en 1885 mais le bâtiment construit par Jean-Louis Batigny n'a ouvert qu'en 1900, sur un terrain offert par la ville. Bombardé et occupé durant les deux guerres, l'ensemble abrite un exemplaire de la machine à vapeur de Corliss, construite en 1900.

GARE SAINT-SAUVEUR

F6 *Bd Jean-Baptiste-Lebas - Ⓜ Lille-Grand-Palais - ✆ 03 20 32 05 42 - ♿.*
Gérée par Lille 3000 (*p. 132*), cette ancienne gare de marchandises désaffectée a retrouvé la vie en 2009. Composé de deux grandes halles couvertes et d'un vaste parvis, ce lieu d'événements et de promenade familiale abrite un bar *(voir p. 81)*, un restaurant, une salle de projection, des jeux, et organise des concerts, des expositions temporaires... À l'entrée, un gigantesque bambin joufflu en résine noire laquée est l'œuvre du collectif contemporain russe AES + F. Un symbole du dynamisme lillois.

PARC JEAN-BAPTISTE-LEBAS

E6-7 *Bd Jean-Baptiste-Lebas - Ⓜ Lille-Grand-Palais - ✆ 03 28 36 13 50 - ♿ - 7h30-22h (21h oct.-mars) - fermé w.-end de la braderie.*
Ancien parking sauvage, cet espace de 3 ha couvert d'une vaste pelouse, d'arbres et de fleurs est entouré de grilles rouges, qui, par endroits, sont curieusement incrustées de bancs. Le parc, familial (jeux pour enfants) et très agréable, et les terrasses des nombreux cafés entourant celui-ci, attirent du monde (pique-nique et apéro sur la pelouse aux beaux jours).

MUSÉE D'HISTOIRE NATURELLE ET DE GÉOLOGIE★

E6 *19 r. de Bruxelles - Ⓜ Lille-Grand-Palais - ✆ 03 28 55 30 80 - http://mhn.lille.fr - 9h30-17h, w.-end 10h-18h - fermé mar. - 3,70 € (-12 ans 2,60 €).*

Longues coursives métalliques, animaux naturalisés, squelettes suspendus, alignements d'amphibiens dans les bocaux, vitrines colorées d'oiseaux empaillés : une délicieuse atmosphère un brin désuète se dégage de ce musée intéressant et bien présenté. Des squelettes de baleines et des reconstitutions d'animaux préhistoriques, dont un carnassier des mers de la période jurassique, vous accueillent à l'entrée.

Zoologie – Des dioramas présentent la faune française (sangliers, biches, castors). Voyez dans l'**insectarium** les mygales, les scorpions... et dans la section ornithologique 5 000 oiseaux, dont certains ont disparu. Dans la **salle des Mammifères**, la vaste verrière dévoile une mise en scène réussie d'animaux naturalisés. À côté, vous saluerez l'impressionnant et magnifique ours polaire, une femelle de 2,60 m venant du Groenland.

Géologie – Fossiles et roches illustrent l'histoire de l'Europe du Nord, de 600 millions d'années à l'époque gallo-romaine, dans un espace muséographique modernisé (dioramas, écouteurs, microscopes...). Les fossiles végétaux (extraits de puits miniers) sont les vestiges de la forêt qui couvrait la région voici 300 millions d'années. Une veine de charbon reconstituée évoque l'univers de la mine et ses ambiances sonores. Le musée organise aussi au moins une exposition temporaire par an.

RUE SOLFÉRINO

Maison Coilliot

D6 *14 r. de Fleurus* - Ⓜ République-Beaux-Arts - *ne se visite pas.*

Construite en 1898 par Hector Guimard pour M. Coilliot, céramiste lillois, elle illustre l'Art nouveau avec sa façade en lave émaillée, ses lignes courbes et la présence originale de son double toit.

Théâtre de Sébastopol

D6 *Pl. Sébastopol* - Ⓜ République-Beaux-Arts - *✆ 03 20 54 44 50 - www.theatre-sebastopol.fr.*

Sa façade rouge sang, bordée de pierres blanches et d'atlantes, attire le regard. Construit en 1903 et en 100 jours pour remplacer le Grand Théâtre qui venait de brûler, ce théâtre au style éclectique de 1350 places revendique une acoustique et une visibilité parfaites. Au programme : des chanteurs grand public, des humoristes, de l'opérette, du théâtre, de la danse classique...

Le Vieux Lille★★★

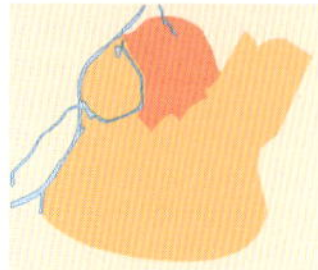

C'est incontestablement le quartier le plus pittoresque et le plus attrayant de Lille. Pourtant, jusqu'à la fin des années 1970, c'était un endroit mal famé et sale, quasiment laissé à l'abandon. Une grande opération de restauration a permis de remettre en valeur ses vastes demeures bourgeoises aux façades décorées, aux pignons travaillés et aux couleurs chatoyantes quand elles se mêlent à la brique et parfois à la pierre, et dont la place Louise-de-Bettignies reste le plus bel exemple. Il faut prendre le temps de se perdre dans le dédale de ses ruelles avant de s'attabler dans un des restaurants ou bars qui donnent, à la nuit tombée, toute son ambiance à ce quartier aujourd'hui très tendance et très fréquenté.

▶**Accès :** Le quartier, situé juste au nord de la Grand'Place, se visite à pied. Aucun métro ne le dessert directement même si la station Rihour n'est qu'à cinq minutes de marche. Une navette électrique parcourt en boucle le Vieux Lille et s'arrête à la demande *(dép. palais Rihour, billet Zap 1,25 €, lun.-sam. 7h-21h).*

Plan de quartier p. 14-15. Plan détachable DE2-3-4.

▶**Conseils :** À visiter en journée pour la richesse architecturale (les visites guidées du Vieux Lille sont passionnantes - dép. de l'office de tourisme, place Rihour), et en soirée pour profiter des bars, des restaurants et de l'ambiance.

Nos adresses p. 73, 81, 88, 96 et 102.

29

RUE LEPELLETIER

E4 Du nom d'un député de la Révolution, cette artère commerçante qui rallie la place du Théâtre à la rue Basse est une des rues du Vieux Lille où se pressent les enseignes de luxe. Au-dessus de ces magasins, on reconnaît les typiques pignons triangulaires en escalier des maisons anciennes de Lille, parfois savamment décorées de peintures vives et/ou de sculptures baroques. L'ensemble situé aux n°s 1 à 5 est remarquable.

RUE MASUREL

E3 Prolongement de la rue Lepelletier, cette ruelle sinueuse et pleine de charme est typique de cette partie du Vieux Lille, comprise entre la Grand'Place et la cathédrale N.-D.-de-la-Treille. Les maisons y sont anciennes, datant du début du 17e s. La rue porte le nom de Bartholomé Masurel, qui dota la ville d'un mont-de-piété municipal en 1607.

CATHÉDRALE NOTRE-DAME-DE-LA-TREILLE★

E3 *Pl. Gilleson - 03 20 31 59 12 - - juil.-août : 12h-20h ; sept.-juin : 10h-18h30.*

Longtemps, Lille n'a pas eu de cathédrale. Ce n'est qu'en 1854 que la ville décida d'en bâtir une à l'emplacement du château primitif des comtes de Flandre, anticipant la consécration de Lille en évêché (1913). Cette basilique dédiée au culte de la Vierge s'est vu imposer un style gothique du 13e s., celui des cathédrales de Reims, d'Amiens ou de Chartres. Le projet, pharaonique au départ, a été réduit à des dimensions plus modestes à cause de difficultés financières et des guerres. La construction n'a finalement été achevée qu'en 1999 grâce à une souscription publique.

Conçue par l'architecte Pierre-Louis Carlier, la façade principale se compose d'une ogive de 30 m de haut, tapissée de 110 plaques translucides de marbre blanc, une vraie prouesse technique ! Elle est surmontée d'une rosace de Ladislas Kijno illustrant la Résurrection.

Le **portail en bronze★★**, œuvre ultime de Georges Jeanclos (mort en 1997), est à la fois épuré et émaillé de corps ployés, arc-boutés.

Dans le chœur, la statue de Notre-Dame-de-la-Treille qui a donné son nom à la cathédrale et fait l'objet d'une grande dévotion, domine l'autel.

Autour de la nef se succèdent plusieurs chapelles. Table en granit rose des Vosges et retable en orfèvrerie émaillée et ciselée dans la chapelle St-Joseph, trois verrières consacrées aux trois patrons corporatifs les plus honorés à Lille (Arnoult, Éloi et Nicolas) dans la chapelle Ste-Anne, bas-reliefs retraçant l'histoire de Flandre et de Lille dans la chapelle Charles-le-Bon, mosaïques célébrant les sciences de la vérité dans celle de St-Jean-l'Évangéliste. La Ste-Chapelle s'illumine de onze verrières consacrées à la vie de la Sainte Vierge. Dans la travée gauche, maquette de la cathédrale (1912).

Le grand orgue, qui provient de la Maison de la radio de Paris, est un des quatre plus grands de France.

Au sous-sol, la crypte accueille le centre d'Art sacré.

CENTRE D'ART SACRÉ

***E3** Pl. Gilleson - ✆ 03 20 31 59 12 - ♿ - de fin juin à mi-sept. : w.-end 15h-20h ; de fin oct. à déb. janv. : w.-end 14h30-18h30 ; reste de l'année : se rens.*

Dans la crypte de la cathédrale, au sein d'un espace en béton brut des années 1930, est installée la collection unique au monde que Gilbert Delaine, un Dunkerquois, a commandée à des artistes contemporains sur le thème de la Passion du Christ. Des 124 artistes ayant participé, les plus célèbres sont Georg Baselitz, Robert Compas ou Andy Warhol. Chaque année, à la période de Pâques, une exposition temporaire est organisée sur le même thème durant les Nuits de la crypte (*p. 116*).

RUES DES TROIS-MOLLETTES, DES VIEUX-MURS ET AU PÉTERINCK

DE3 Ce dédale de ruelles, à l'ouest de la cathédrale, est lui aussi typique du castrum, le centre urbain primitif à partir duquel Lille s'est construite. Les « vieux murs » sont les premières fortifications de la ville et les Trois

Mollettes, les trois poulies d'un puits qui permettaient de tirer l'eau plus vite. Quant « au Péterinck », il s'agit d'une déformation du mot pétrin : c'est dans cette rue minuscule que la farine nécessaire à l'hospice Comtesse tout proche était pétrie.

RUE DE LA MONNAIE★

E3 L'hôtel des Monnaies, construit sur ordre de Louis XIV en 1685, se trouvait dans cette rue où s'alignent des maisons du 18e s. *(côté gauche).* Au nº 3, le mortier et l'alambic servaient d'enseigne à un apothicaire. Les maisons suivantes (nos 5 à 9) sont décorées de dauphins, de gerbes de blé, de palmes... Au nº 8, statue de Notre-Dame de la Treille. Pignons à pas de moineaux aux nos 12 et 14. Les maisons suivantes datent du début du 17e s. et encadrent le portail à bossages (1649) de l'hospice Comtesse.

MUSÉE DE L'HOSPICE COMTESSE★

E3 *32 r. de la Monnaie - ✆ 03 28 36 84 00 - http://mhc.lille.fr - ♿ - tlj sf mar. 10h-18h, lun. 14h-18h - 3,70 € (-12 ans gratuit).*

Sa fondatrice, Jeanne de Constantinople, était comtesse de Flandre. Elle fit édifier un hôpital en 1237. Le bâtiment, incendié en 1468, est reconstruit, puis agrandi aux 17e et 18e s. Transformé en hospice en 1789, puis en orphelinat, il abrite à présent le **musée régional d'Histoire et d'Ethnographie**, ainsi qu'un lieu d'expositions et de concerts. On entre par le portail monumental (17e s.), une « gresserie » à bossages.

Salle des Malades – *Dans la cour d'honneur.* De récentes restaurations de toiture ont conduit à une découverte : la salle des Malades était auparavant surmontée d'une guette (tourelle) et d'une flèche en ardoise déposées au 18e s., car l'ensemble menaçait de percer la toiture. Les éléments ont été reconstitués et posés comme à l'ancienne. Aujourd'hui, ce long bâtiment reconstruit après 1470 sur les fondations du 13e s. accueille des expositions temporaires. La **chapelle** a été agrandie et séparée par un jubé après l'incendie de 1649. À l'intérieur, le vaisseau frappe par sa **voûte en carène**★★ faite de bois lambrissé. Deux tapisseries, tissées à Lille en 1704, méritent l'attention. L'une montre Baudouin IX, comte de Flandre et du Hainaut, avec son épouse et ses deux filles, et l'autre Jeanne, la fondatrice, entourée de son premier et de son second mari.

Musée – *Dans l'aile droite.* Baptisé « bâtiment de la communauté » (fin du 15e s.), il a été surélevé au 17e s. Meubles et objets d'art évoquent l'atmosphère flamande d'une fondation pieuse au 17e s. Cuisines revêtues de faïences bleutées de Hollande et de Lille. Dans le réfectoire, le manteau de cheminée baroque encadre une Nativité (16e s.), copie d'une peinture de Martin De Vos exposée à Anvers. Le **parloir** est orné de sobres lambris décorés d'ex-voto du 17e s. et de portraits des ducs de Bourgogne. Les appartements de la prieure, recelant des boiseries Louis XV, ont été harmonieusement

réaménagés en pièces d'ambiance. La pharmacie et la lingerie constituent les deux dernières pièces du rez-de-chaussée.
Au 1er étage, l'ancien dortoir présente, sous son plafond à poutres sculptées, des peintures flamandes et hollandaises du 17e s. et un beau christ picard (16e s.). De part et d'autre du dortoir, deux salles évoquent l'histoire régionale : éléments d'architecture, porte lilloise du 17e s. en bois et en fer, tambour de la garde nationale, tableaux de Louis et François Watteau représentant Lille au 18e s.

PLACE LOUISE-DE-BETTIGNIES

E3 Elle porte le nom d'une résistante héroïque de la Grande Guerre. Au nº 29, à l'angle de la place, la **demeure de Gilles de La Boé★**, un épicier grossiste, est richement ornée de corniches et de frontons en saillie (1636), parée de rouge, noir et or. Elle bordait un port sur la basse Deûle, actif jusqu'au 18e s. La rivière fut comblée en 1936. Elle a fait place à l'avenue du Peuple-Belge, où s'élève la tour du palais de justice.

RUE ET PORTE DE GAND

E2-3 Dans le prolongement de la place Louise-de-Bettignies, la rue de Gand est l'une des plus célèbres rues de Lille, réputée pour ses nombreux restaurants. C'est simple : on peut y manger à pratiquement chaque pas-de-porte. Très fréquentée le soir, elle monte légèrement vers une porte construite sous l'occupation espagnole, puis agrandie par Vauban en 1670. Amputée de son décor mais toujours bien intégrée aux remparts, cette porte un peu sévère abrite un restaurant.

MUSÉE DES CANONNIERS SÉDENTAIRES

E3 *44 r. des Canonniers - Ⓜ Gare Lille-Europe - ✆ 03 20 55 58 90 - avr.-oct. : sam. 10h-18h ; nov.-mars : sam. 10h-17h - 5 € (-15 ans gratuit).*
En 1804, l'édifice fut légué par Napoléon au corps des canonniers de Lille, fondé en 1483 et connu sous le nom de confrérie Ste-Barbe. Le musée militaire évoque l'histoire des sièges soutenus par la ville et les faits d'armes de Faidherbe et Négrier. Deux pièces de canons exceptionnelles, les fameux **Gribeauval**, sont un don de Napoléon aux canonniers.

HÔTEL D'AVELIN

E3 *22 r. St-Jacques - ne se visite pas.*
En quelques années, Michel Joseph Lequeux (1753-1786) a posé sa marque sur l'architecture classique de Lille, en réalisant d'élégants hôtels néoclassiques ainsi que le Grand Théâtre détruit en 1903 par un incendie. L'hôtel d'Avelin (1777) est à la fois sa première et sa grande œuvre. Résidence des comtes d'Avelin, elle brille par ses arêtes vives compensées par des masses nues et épurées et abrite aujourd'hui des appartements privés.

PLACE DU LION-D'OR

E3 Au nº 15, remarquez la maison des Poissonniers, qui date du 18e s. En face, la belle maison à bow-widow dénote avec l'architecture voisine.

RUE DES CHATS-BOSSUS

E3 Elle doit son nom à une vieille enseigne de tanneurs. L'**Huîtrière**, ancienne poissonnerie et bar à huîtres, présente une façade et un intérieur Art déco (1928). L'établissement a fermé en 2016.
Vers la rue de la clef, la toute petite **place des Patiniers** est bordée de boutiques, aux maisons colorées alignées les unes contre les autres.

RUE DE LA GRANDE-CHAUSSÉE

E3-4 Les « gresseries » à arcades ont été rénovées, et les magasins de luxe y ont installé leurs vitrines. Quelques balcons en fer forgé et les dessus-de-fenêtre sont ouvragés. Remarquez la première maison à droite et les n°s 9, 23 et 29.

RUE BASSE

E3 Ainsi nommée en raison de sa situation encaissée. Façades classées aux n°s 11, 16, 33 et 45.

RUE ESQUERMOISE

DE4 C'est l'une des rues principales du Vieux Lille, très animée. Bordée de maisons des 17e-18e s. Aux n°s 6 et 4, les Amours s'embrassent ou se tournent le dos selon qu'ils appartiennent ou non à la même maison. En face, la belle demeure restaurée était celle du fourreur. Aux n°s 25-27, la célèbre **pâtisserie Meert** (*☛ p. 80 et 88*).

RUE DE LA BARRE

D3-4 Ligne de démarcation d'un ancien faubourg, cette rue abrite deux anciens couvents, celui des Madelonnettes au n°s 39-41, et l'arrière de celui des Minimes (*☛ ci-dessous*) reconverti en hôtel. Autres façades remarquables, classées aux n°s 3, 15, 55 et 77.

QUAI DU WAULT

D4 **Couvent des Minimes** – L'ordre des Minimes a commencé à s'établir à Lille au tout début du 17e s., dans deux maisons situées rue de la Barre. Il possède vite assez de terrains pour construire un vrai couvent doté d'un cloître puis d'une chapelle, qui fut désaffectée en 1791 et abrita ensuite l'intendance des armées. L'ancien cloître recouvert d'une grande verrière accueille le bar et le restaurant de l'hôtel Alliance (*☛ L'Échiquier, p. 82*).
À l'extérieur, un bassin rappelle que le **quai de Wault** était un des deux ports de Lille, celui de la haute Deûle, en fonction du 14e au 18e s., jusqu'à ce que le canal de l'Esplanade (1750) soit creusé afin de faciliter la circulation des marchandises entre la basse et la moyenne Deûle.

ÉGLISE SAINTE-CATHERINE

D3 De style gothique flamboyant et construite dans la **rue Ste-Catherine** à compter de la fin du 15e s., elle possède la plus ancienne cloche de Lille, fondue en 1403. Plusieurs fois réaménagée, pillée à la Révolution,

Musée de
l'Hospice
Comtesse
PRESSE
TABAC
WOMEN
DEPT.

cette église à 3 nefs dont la tour austère a longtemps servi de vigie, renferme quelques tableaux notoires, notamment *Le Reniement de saint Pierre* et *Le Christ au jardin des Oliviers* de Victor Mottez, une série de quatre pièces dite des *Docteurs de l'Église*, attribuée au Flamand Gérard Seghers.

HÔTEL DE CRAYENCOUR

D3 *26 r. Jean-Moulin - ne se visite pas.*
Hôtel particulier aujourd'hui divisé en appartements, qui appartenait autrefois aux grands-parents paternels de **Marguerite Yourcenar** et qu'elle décrit dans *Le Labyrinthe du monde*.

RUE ROYALE

D2-3 Jadis voie principale d'un élégant quartier aménagé au 18e s. entre la citadelle et la vieille ville.
À droite, au fond, s'élève le clocher de l'**église St-André**.
Les beaux hôtels particuliers qui bordent la rue sont marqués par l'influence française. Au n° 68, l'ancien hôtel de l'Intendance fut bâti en 1787 par l'architecte lillois Michel Joseph Lequeux. Au n° 75, la Banque de France a installé ses bureaux dans l'hôtel d'Hespel (1893).

RUE VOLTAIRE

D2-3 Elle porte le nom de Voltaire depuis 1831, dont la tragédie *Mahomet* a été jouée pour la première fois à Lille, dans une salle de la rue de la Vieille-Comédie vers 1742. Au n° 29, le très discret passage des Trois-Anguilles conduit à la rue Négrier. Avec ses 1,20 m de large, il se trouve être la plus petite rue de Lille !

HALLE AUX SUCRES

D2 *1 r. de l'Entrepôt.*
Imposante bâtisse en briques rouges qui occupe tout un pâté de maison situé entre les rues de la Halle et de l'Entrepôt, aujourd'hui reconverti en édifice public : la mairie du quartier du Vieux Lille, la poste et l'**espace Le Carré** (à l'angle de la rue de la Halle et de la rue des Archives), un lieu investi par un collectif d'artistes locaux qui propose des expositions temporaires (*☏ 03 20 74 46 96 - www.lille.fr - 14h-19h, dim. 10h-13h, 15h-18h - fermé lun.-mar. - gratuit*).

MAISON NATALE DE CHARLES DE GAULLE★

D2 *9 r. Princesse - ☏ 03 59 73 00 30 - www.maisondegaulle.fr - ♿.*
Fermée pour travaux, elle devrait réouvrir en nov. 2020 à l'occasion du 130e anniversaire de la naissance de Charles de Gaulle.
Dans cette maison en briques chaulées, le grand-père maternel de Charles de Gaulle, Jules-Émile Maillot, tenait une fabrique de tulle. Sur les 25 pièces qui constituent la maison, on visite une partie des salles à vivre où sont restés inchangés le mobilier, les souvenirs et l'atmosphère feutrée. On découvre notamment la chambre où naquit le petit Charles le 22 novembre 1890. Des vidéos ou documents sonores complètent cette émouvante visite. Dans l'autre partie

de la maison, chaque année, une exposition temporaire met l'accent sur les différentes étapes de la vie du Général. Dans le petit jardin, une stèle commémore le rôle de Charles de Gaulle dans la Résistance.

PLAINE DE LA POTERNE

D1 *En haut de la r. du Guet.*
Une vaste plaine naturelle de 8 ha traversée par le cours d'eau de la Tortue abrite des **jardins potagers familiaux**, de larges pelouses (aire de jeux, tables de pique-nique) et un **jardin écologique** *(merc.et dim. 14h-19h - http://lisieres.org).* Cette réserve naturelle volontaire est un mélange de jardin et de friche où la nature s'exprime librement, sans entretien chimique, ni intervention massive de l'homme. Au nord de cet espace vert, une passerelle permet d'accéder au chemin des Remparts et au canal de la Deûle pour rejoindre la citadelle.

HOSPICE GÉNÉRAL

E2 *104 av. du Peuple-Belge - ne se visite pas.*
Ancien hôpital construit par l'architecte Pierre Vigné de Vigny entre 1738 et 1780, ce bâtiment classique remarquable long de 140 m et inspiré des Invalides de Paris, a été agrandi au 19e s. et reconverti en hospice au début du 20e s. Il accueille depuis 1996 les étudiants de l'Institut d'administration des entreprises de Lille.

RUE DU PONT-NEUF

E2 Au 17e s., le Vieux Lille s'agrandit et passe la Deûle, grâce à ce pont, nouvellement construit sur les plans de Simon Vollant. Il comporte six arches, dont deux sont réservées à la circulation, tandis que la Basse Deûle coulait sous les deux arches centrales.

ÉGLISE SAINTE-MARIE-MADELEINE

E2 *R. du Pont-Neuf - ✆ 03 20 49 52 81 - visite lors des expositions et manifestations.*
Construite entre 1675 et 1707, cette église mélange tous les styles : sa façade est baroque, son dôme et ses colonnes ioniques et doriques inspirés de la Grèce antique, sa décoration intérieure de Renaissance flamande. Son chœur a gardé sa décoration d'origine : *La Résurrection de Lazare*, offert par l'artiste Jacob van Oost le Jeune et quatre tableaux encastrés dans les boiseries représentant des épisodes de la vie de la Madeleine par André Corneille Lens (1777).
Surnommée la « Grosse Madeleine » à cause de sa silhouette trapue, elle n'est plus un lieu de culte depuis 1989 et est devenue un espace d'expositions lors de Lille 2004. Elle abrite l'œuvre monumentale *God Hungry* de l'artiste Subodh Gupta.

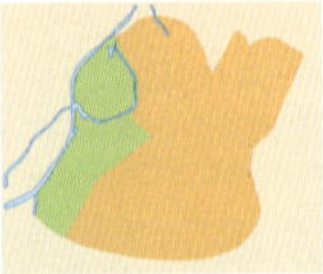

Quartier Vauban et citadelle★

Dominé par la magnifique citadelle dessinée par Vauban, ce quartier est le poumon vert de la ville. Le bois de Boulogne qui entoure la forteresse, les bords de la rivière ou l'immense Champ-de-Mars réhabilité depuis peu, sont à deux pas du centre de Lille. Ici, on respire, on se promène et les enfants jouent... avant d'y étudier, car un peu plus au sud siège la très réputée université catholique. Dans ce quartier résidentiel se sont installés d'autres établissements scolaires qui contribuent à le rendre plus vivant dans la journée.

▶**Accès :** L'absence de métro est palliée par des bus, le n° 12 en particulier. Deux grands parkings payants et surveillés se trouvent au Champ-de-Mars.

Plan détachable BC2-3-4-5.

▶**Conseils :** Si vous le pouvez, suivez la passionnante visite guidée de la citadelle (inscription quelques jours à l'avance auprès de l'office de tourisme). Très belles balades dans le parc, tables de pique-nique sur la droite avant l'entrée du zoo.

Nos adresses p. 77, 84, 98 et 104.

Avant d'entrer dans le périmètre de la citadelle, au bout du boulevard de la Liberté, le **monument aux Fusillés** est dû à Félix Desruelles ; il exprime la noble attitude des patriotes lillois exécutés en 1915 (voir également la plaque à la mémoire de Léon Trulin, (*p. 18*), dans le fossé septentrional. Tout près, juste après le pont de la citadelle, observez un singulier monument à la mémoire des **pigeons voyageurs**, ultimes messagers durant la guerre de 1914-1918. Il a été érigé en 1936 par la Fédération nationale des sociétés colombophiles de France. La Paix personnifiée y figure, entourée d'une nuée de colombes. À deux pas, le bar-cantine *La Capucine (1 av. Mathias-Delobel - p. 98)* est ouvert en saison.

CITADELLE★

C3 *Av. du 43e-Régiment-d'Infanterie - 0 891 56 20 04 - www.lilletourism.com - visite uniquement le 3e dim. du mois, sur réserv. à l'office de tourisme à 15h et 16h30 - 13 € (-18 ans gratuit).*

Au cœur du plus grand espace vert de Lille, la « reine des citadelles » (comme la surnommait Vauban lui-même) est la première réalisation de Louis XIV après la conquête de Lille. Confié à l'ingénieur Vauban, qui a alors 34 ans, le chantier occupa 2000 hommes pendant trois ans (1667-1670). Cinq **bastions**, comprenant deux faces et deux flancs ainsi que cinq demi-lunes, que protègent des fossés autrefois alimentés par la Deûle, défendent une véritable ville dans la ville. Vauban

LA REINE DES CITADELLES

Alphotographic/iStock

Le canal du parc de la citadelle Vauban.

opte pour un plan en forme d'étoile pour avoir une vue de tous les angles. On entre dans la citadelle *(visites guidées uniquement)* par la **Porte royale** qui donne sur une vaste et impressionnante **place d'Armes** pentagonale, cernée par les bâtiments de Simon Vollant (1622-1694) : chapelle classique, logements d'officiers et superbe arsenal. Ces édifices en grès, brique et pierre sont représentatifs du style franco-lillois au 17e s. La contre-garde du Roy a été rénovée en 2013. Autonome, la citadelle avait ses puits et ses commerces (boulangerie, brasserie, tailleurs, cordonniers...). Un projet de candidature de la Citadelle au patrimoine mondial de l'Unesco est en cours. La forteresse abrite aujourd'hui le corps de réaction rapide - France.

PARC DE LA CITADELLE★

C4 *1 av. Mathias-Delobel - ☎ 03 28 36 13 50 - entrée libre.*

Le poumon vert de Lille (70 ha) entoure les remparts de la citadelle et longe le canal de la Deûle. Il offre un espace très agréable avec des bois, des allées (accessibles aux vélos), de vastes pelouses et de nombreuses activités : balades, zoo *(ci-contre)* et le **Cita-Parc** qui offre un moment de détente aux familles avec ses 15 manèges sur le thème de la nature et des animaux *(☎ 03 20 40*

65 65 - www.cita-parc.fr - ♿ - vac. scol. : 14h-19h; reste de l'année : merc. et w.-end 14h-19h - 2 € le ticket).
À l'issue de vastes travaux sur le Champ-de-Mars, le glacis et le chemin couvert de la Citadelle ont été restitués selon les plans du 19e s. Une agréable promenade d'un kilomètre de long longe désormais le canal de la Deûle et se poursuit par les remparts. Aux beaux jours, profitez de la terrasse du bar le Quartier Libre (*p. 84*).

ZOO DE LILLE

BC4 *Av. Mathias-Delobel - ✆ 03 28 52 07 00 - www.lille.fr/Zoo-de-Lille - ♿ - avr.-oct. : 10h-18h, w.-end 10h-19h; nov. et fév.-mars : 10h-17h - fermé mar. et de déb nov. à mi-fév. - 4 € (5-17 ans 2 €), forfait famille (2 adultes et 2 enf. 5-17 ans) 10 €.*
Regroupant une centaine d'espèces animales, le zoo s'organise en six zones thématiques dont un parc africain (rhinocéros, zèbres, antilopes...), un parc d'Amérique du Sud (pandas roux, alpagas...) et une belle volière sud-américaine dans laquelle on peut se promener. La **Maison tropicale** reconstitue le milieu naturel des tortues géantes, des iguanes ou des tamarins...

JARDIN VAUBAN

C4 *Accès bd Vauban, r. d'Armentières et r. Desmazières.*
Parc paysager typique du Second Empire; allées sinueuses, massifs arborés et fleuris, bassins. Statue du poète lillois A. Samain (1858-1906).
On y trouve aussi un **jardin d'arboriculture** *(accès libre).*

PALAIS RAMEAU

C4-5 *39 bd Vauban - Ⓜ Gambetta.*
En 1878, Charles Rameau, alors président de la Société lilloise d'horticulture, fait un legs à la ville, à la condition qu'un bâtiment portant son nom soit construit pour accueillir des fêtes musicales ou des expositions de fleurs, de fruits. Le palais, dessiné par les architectes lillois Auguste Mourcou et Henri Contamine, mélange la tradition locale et le style mauresque et se clôt par une magnifique serre circulaire. Partiellement rénové à l'occasion de Lille 2004, il se destine aujourd'hui à devenir le premier démonstrateur européen d'agriculture urbaine sous l'impulsion d'Yncréa, un regroupement d'écoles d'ingénieurs de l'université catholique voisine. En sus, le bâtiment va être entièrement rénové.

UNIVERSITÉ CATHOLIQUE

C5 *60 bd Vauban - Ⓜ Gambetta.*
Imposantes bâtisses en brique et de facture néogothique, cette institution créée en 1875 compte 6 facultés, 20 écoles, un groupe hospitalier et 10 bibliothèques ! Ses 150 000 m² de campus au cœur de la ville accueillent 30 000 étudiants. Référence dans l'enseignement supérieur, elle contribue au rayonnement universitaire de Lille et à l'ambiance festive des rues de Solférino et Masséna.

Wazemmes

Vaste territoire rural aux portes de Lille, Wazemmes a complètement changé d'aspect au 19e s., quand les industriels y installèrent leurs usines. Lorsqu'elle est attachée à la commune de Lille, en 1858, Wazemmes est une cité-dortoir, où les ouvriers sont logés dans des courées (☛ encadré p. 46), aujourd'hui en grande partie détruites, et une zone d'industrialisation spectaculaire. La tradition ouvrière, populaire et cosmopolite est restée, mais Wazemmes n'a pas échappé à la gentrification, au début des années 2000 : le quartier est recherché pour le coût moins élevé de ses logements, sa proximité du centre, son offre culturelle et son authenticité. On y fréquente ses restaurants, ses bars et son marché, l'un des plus grands de France.

▶**Accès :** Bien desservi par le métro : parcouru par la ligne 1 en son centre (stations : Gambetta, Wazemmes et Porte-des-Postes) et à l'ouest par la ligne 2 (Cormontaigne).

Plan détachable CD6-7.

▶**Conseils :** Allez-y le dimanche matin, jour où le marché est plus important.

☛ *Nos adresses p. 77, 84, 92 et 99.*

MARCHÉ DE WAZEMMES

C6 *Pl. de la Nouvelle-Aventure - Ⓜ Gambetta - marché couvert dans les halles mar.-sam. 8h-20h, dim. 8h-15h - marché en plein air mar., jeu. et dim. 7h-14h.*

Le marché de Wazemmes anime la place et sa grande halle en briques rouges. Étals alimentaires, vêtements et bric-à-brac se déploient dans une joyeuse ambiance populaire.

ÉGLISE ST-PIERRE-ET-ST-PAUL

C6 *Pl. du Parvis-de-Croix - Ⓜ Gambetta.*

Construite en 1857, cette imposante église en briques rouges domine le marché de son style néoroman. Elle fut dépouillée de son décor intérieur pendant la Seconde Guerre mondiale.

MAISON FOLIE WAZEMMES★

C7 *70 r. des Sarrazins - Ⓜ Wazemmes - ☎ 03 20 78 20 23 - http://maisonsfolie.lille.fr - ♿ - ouvert au public uniquement lors des expositions (merc.-dim. 14h-19h) et des manifestations, consulter l'agenda sur le site - gratuit.*

Le mélange d'une architecture industrielle du 19e s. et contemporaine est du meilleur effet. Les 5 000 m² de cette ancienne filature (1855) accueillent tout au long de l'année des ateliers, spectacles, expositions et performances d'artistes en plein cœur d'un quartier populaire.

Un **hammam** se trouve dans le sous-sol voûté de briques : Zein Wazemmes *(http://wazemmes.zeinorientalspa.fr)*.

CENTRE D'ARTS PLASTIQUES ET VISUELS

C6 *4 r. des Sarrazins - Ⓜ Gambetta - ☏ 03 20 54 71 84 - http://capv.lille.fr - lun. 14h-19h, mar.-vend. 9h30-12h30, 14h-19h, sam. 9h30-12h, 13h-18h - fermé dim. - accès libre au centre de documentation et à la galerie.*
Dans une belle demeure en briques, des ateliers artistiques (photo, sérigraphie, peinture, vidéo...) pour petits et grands. Expositions d'art contemporain.

PLACE DE LA SOLIDARITÉ

D7 Anciennement place des Quatre-Chemins, elle est ornée en son centre d'un ruban de Möbius, sculpture de Marco Slinckaert (1989), surnommé le « serpent » par les habitants. Jadis, on y exécutait la « condamnée bannie d'une mort honorable ».

CITÉ PHILANTHROPIQUE

D7 *Angle r. Gantois et r. de Wazemmes - ne se visite pas.*
C'est pour loger les ouvriers dans des conditions décentes et modiques que cette cité a été bâtie en 1861 par l'architecte Émile Vandenbergh. 228 appartements en brique peinte en blanc accueillaient 1000 habitants dans 6 bâtiments de 3 niveaux, bien rangés dans un beau jardin clos. L'ensemble a été transformé en maison de retraite. Un très bel exemple d'architecture à but social et hygiéniste novateur pour son époque.

CITÉ DES JARDINS

D7-8 *R. de la Justice - Ⓜ Porte-des-Postes.* Afin de lutter contre l'insalubrité des courées, l'abbé Lestienne, qui s'intéresse aux expériences d'habitat social en Europe, imagine une vaste cité-jardin sur deux territoires différents : la cité des Jardins (logement collectif) à Wazemmes et la cité des Fleurs (maisons individuelles) à Lille Sud (*p. 46*). Sont construits 46 appartements de 4 ou 5 pièces, dotés d'une salle de bains et de l'eau courante, dans un environnement soigné (une serre, une chapelle et un « château » aujourd'hui disparus) et bien équipé (centre d'éducation, caisse mutualiste, magasins...).

RUE DES POSTES

C8-D6 Vaste rue traversante du sud au centre de Lille, elle compte deux sites notoires : la **cité des Postes**, une des courées les plus importantes de Wazemmes, qui la relie à la rue de la Justice, et une maison de maître d'architecture pittoresque dotée de trois travées inégales richement décorées (n° 191) qui rompt avec l'habitat ouvrier alentour.

Quartiers de Moulins et Lille Sud

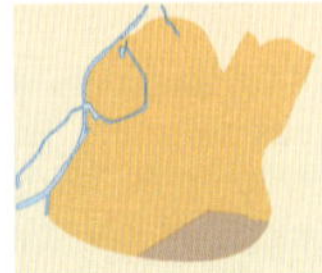

Au 18e s., ce faubourg est couvert de moulins, d'où son nom. Entre les rues d'Arras et de Douai, sont ensuite installés des ateliers industriels qui travaillent le lin et le coton. Trois familles, les Wallaert, les Le Blan et les Pouillier-Longhaye, règnent sur le quartier. Leurs filatures prospèrent jusqu'à la Première Guerre mondiale, au cours de laquelle les bâtiments sont soit bombardés, soit pillés par l'occupant. Certaines usines resteront néanmoins en activité jusqu'à la fin du 20e s. Mais la reconversion, qui a commencé depuis le milieu des années 1970, se poursuit aujourd'hui à grande échelle avec l'installation d'équipements culturels pluridisciplinaires.

▶**Accès :** Pour Moulins, passer par Wazemmes ou par la ligne 2 du métro qui borde le quartier au sud (Porte-de-Valenciennes, Porte-de-Douai, Porte-d'Arras et Porte-des-Postes). Lille Sud, qui souffre d'être relégué derrière le périphérique routier et les voies de chemins de fer, n'est desservi que par les deux dernières stations de la ligne 1 (CHR-Oscar-Lambret, CHR-B.-Calmette).

Plan détachable EF7-8 et hors plan.

▶**Conseils :** Préférez la fin de semaine pour les animations de la maison Folie, le Flow et les Maisons de Mode.

Nos adresses p. 92, 99 et 104.

MAISON FOLIE DE MOULINS

E7 *47-49 r. d'Arras - Ⓜ Porte-de-Douai ou Porte-d'Arras - ✆ 03 20 95 08 82 - www.maisonsfolie-lille.fr - ♿ - ouvert au public uniquement lors des expositions (merc.-dim. 14-19h) et des manifestations - entrée libre aux expositions.*

Dans une ancienne brasserie-malterie (19e s.), cette maison Folie a vu le jour à l'occasion de Lille 2004 et perpétue depuis spectacles, projections, expositions, ateliers, concerts et accueil d'artistes en résidence. L'architecture spécifique de la brasserie a été préservée (cabinet Louguet) tout en apportant des notes contemporaines avec du verre, du béton et de l'acier galvanisé. En témoignent l'escalier de la cour ou le bâtiment en front à rue qui fait face au pignon néoflammand.

FLOW

E7 *20 r. Dupetit-Thouars - Ⓜ Porte-de-Douai ou Porte-d'Arras - ✆ 03 62 14 59 52 - www.flow-lille.fr - mar. 14h-20h, merc.-jeu. 14h-22h, vend. 14h-18h, sam. selon la programmation - fermé dim.-lun.*

R. Soberka/hemis.fr

La maison Folie de Moulins.

Adossé à la maison Folie avec laquelle il partage certains espaces, le Flow, Centre eurorégional des cultures urbaines, occupe un beau bâtiment tout en transparence. Cette Maison du hip-hop est avant tout un espace de formation et de création pour les artistes (hip-hop, rap, graff, sérigraphie), ainsi qu'un lieu de pratique amateur. Elle offre aussi des salles d'exposition et de conférence ouvertes à tous et une salle de concerts et de spectacles. Surveillez de près la programmation !

FILATURE LE BLAN

EF8 *Entre les r. Fénelon, de Trévise et de Douai - Ⓜ Porte-de-Douai.*

En 1900, la première pierre de la filature et de la retorderie (ci-dessous) Le Blan est posée. Dédiée au lin, puis au coton, cette gigantesque usine (200 m de longueur sur 17-19 m de profondeur), à l'architecture rationnelle consacrée à la production, commence à décliner en 1967 et fait l'objet de la première

Avoir du fil à retordre

Drôle d'expression, qui vient du verbe retordre, action qui consiste à assembler plusieurs fils pour en faire des torons, c'est-à-dire des fils plus résistants. Les usines qui fabriquaient ces torons s'appelaient des retorderies, et les ouvriers, des retordeurs.

Qu'est-ce qu'une courée ?
L'industrialisation galopante des quartiers sud de Lille et la forte arrivée de main-d'œuvre posent le problème crucial du logement des ouvriers. La courée apparaît vite comme une solution. Il s'agit d'une série de maisons semblables et alignées, en brique, étroites, avec une seule pièce par étage, assemblées autour d'une cour et sans accès direct à la rue principale. La pompe à eau et les sanitaires, communs, sont dans la cour. L'évacuation des eaux usées se fait par une rigole centrale. Dès leur création, le manque d'espace et les problèmes d'aération et d'hygiène les condamnent. La plupart ont disparu. Aujourd'hui, les courées de Wazemmes et de Moulins qui subsistent sont devenues des lieux de vie agréable, à l'identité forte et avec un sens de la convivialité sans pareil.

reconversion de grande ampleur en France, dès 1975. À sa fermeture (1995), une partie est transformée en bureaux, logements, magasins, médiathèque, par les architectes Reichen et Robert. **Le Prato**, un théâtre spécialisé dans les arts burlesques, y est créé par des clowns. Une autre partie accueille la faculté de droit.

ANCIENNE MAISON DU PEUPLE

E8 *Pl. Vanhoenacker - Ⓜ Porte-d'Arras.* Créée dans les années 1890, à l'initiative des organisations syndicales et politiques ouvrières, l'Union était une coopérative qui valorisait les réseaux de sociabilité. Construit par le jeune architecte Armand Lemay, ce bâtiment en béton armé était moderne et décoré pour rivaliser avec l'architecture bourgeoise des maisons des patrons. Derrière sa façade travaillée (seul vestige d'époque), il abritait des bureaux, des magasins, une bibliothèque, une salle de gym, une salle de fête, un théâtre, une imprimerie et le café de l'Union.

CITÉ DES FLEURS

Hors Plan *R. du Faubourg-des-Postes.* Créée à partir de 1912 par l'abbé Lestienne, cette cité-jardin regroupe dans des rues aux noms de fleurs un ensemble de maisons individuelles, non conjointes, entourées d'un jardin à destination des ouvriers.
La Cité philanthropique, p. 43.

CIMETIÈRE DU SUD

Hors Plan *91 r. du Faubourg-des-Postes - avr.-oct. : 8h-17h45, nov.-mars : 16h45.*
Créé en 1863, après le déplacement de celui de Wazemmes, cet immense cimetière (33 ha), le 3e de France par sa superficie, a été le point d'ancrage de toute l'urbanisation du quartier. Il abrite la sépulture de Gustave Delory, premier maire socialiste de France en 1896 ainsi que des carrés militaires français et allemands.

Euralille

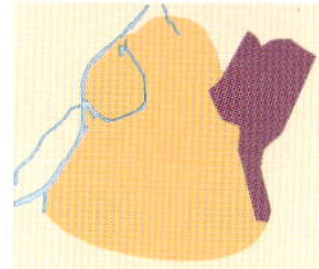

Imaginé par Pierre Mauroy dans les années 1990, le quartier Euralille s'érige aujourd'hui sur plus de 130 hectares et fait office de « turbine tertiaire » selon le souhait de l'ancien Premier ministre et maire de Lille. Les casernements, fortifications et terrains vagues d'autrefois ont laissé place à un immense projet urbain offrant une « architecture transparente et en hauteur en rupture avec la ville plate » signé de l'architecte-urbaniste néerlandais Rem Koolhaas. Le troisième quartier d'affaires de France a réussi son pari de sortir Lille et sa métropole de la crise industrielle, désormais l'enjeu, inscrit dans le projet Euralille 3000, est de rendre le quartier dynamique et agréable à vivre jour et nuit. Ville dans la ville qui abrite une gare internationale, des bureaux, un centre commercial, des logements et nombre d'équipements, l'attractivité de ce quartier est telle que l'intensification et l'extension d'Euralille sont devenues une évidence.

▶**Accès :** Tous les métros mènent à Euralille, bien desservi aussi par les deux gares de train, gare Lille-Flandres et gare Lille-Europe.

Plan détachable E4, F3-4-5, G2-3-4-5-6-7.

▶**Conseils :** Ne pas hésiter à visiter aussi les parcs qui sont une respiration agréable dans ce quartier très moderne.

Nos adresses p. 77, 84 et 99.

STATION DE MÉTRO GARE-LILLE-EUROPE

F3 On accède à la station de métro par la gare, en descendant un escalier monumental décoré d'une vaste fresque signée du dessinateur Jean Pattou. Il y reprend les principaux monuments des villes du monde qu'il réinterprète à la façon d'une gigantesque Babylone post-moderne, avec un certain humour.

WAAO

F3-4 *Pl. François-Mitterrand - 03 74 09 00 40 - http://waao.fr - merc.-vend. 15h-19h, sam.-dim. 14h-18h - gratuit.* Située sous l'avenue Le Corbusier, l'ancienne Maison de l'architecture de la Ville rebaptisée le Waao (acronyme de We are archi open) propose des expositions autour de l'architecture et de l'urbanisme.

PARC HENRI-MATISSE

F3 *Accès par la pl. François-Mitterrand, le bd Carnot, la gare Lille-Europe - Ⓜ Gare-Lille-Europe ou Gare-Lille-Flandres.* Ce parc de 8 ha a été conçu par le paysagiste Gilles Clément lors de la première phase d'Euralille. La grande prairie du Boulingrin ou le bois des Transparences, un labyrinthe végétal, sont offerts à la promenade, au repos... Tandis que l'île

Balade architecturale dans un quartier en mouvement

En quittant la rue Faidherbe pour gagner le quartier Euralille, on rallie Euraflandres, un secteur aménagé par l'agence d'architecture et d'urbanisme Saison-Menu pour tisser un espace public unifié et agréable entre la gare Lille-Flandres et la gare Lille-Europe. Symbole du lien entre les deux gares, le viaduc Le Corbusier, réalisé par l'architecte François Deslaugiers, s'élève avec légèreté au-dessus de la place François-Mitterand, qui fait face à l'immense façade de verre de la gare Lille-Europe de Jean-Marie Duthilleul. En forme de « L » taillé en biseau, la ***tour de Lille*** *(1995) dessinée par Christian de Portzamparc surplombe la gare comme un pont, sans appui central, et ne possède aucune arête parallèle et perpendiculaire, lui donnant cette présence flottante, énigmatique. À ses côtés, la tour* ***Lilleurope*** *(1995) de Claude Vasconi enjambe elle aussi la gare en lançant sa grande envergure vers le ciel, avec une mince résille métallique pour habit. Plus bas, sur terre, le* ***centre commercial Euralille*** *(1994) réalisé par Jean Nouvel offre au regard un « feuilleté métallique, perforé, tramé, avec des transparences et des jeux lumineux ». De l'autre côté de l'avenue Le Corbusier, l'****hôtel Crowne Plaza*** *(2002) et son enveloppe en cuivre, dessinés par les architectes lillois Delhay, se confronte au* ***Swam*** *(2019) de l'agence lilloise de Alzua +, par-delà le parc Matisse, caractérisé par sa dentelle de briques reprenant le tracé des anciennes fortifications que domine l'hôtel Mama Shelter.*

D'autres gestes architecturaux valent le coup d'œil, notamment ***Lille-Grand-Palais*** *sur le boulevard Émile-Dubuisson, œuvre radicale de Rem Koolhaas (1994) conçue comme un gratte-ciel couché accueillant un zénith arena, des espaces congrès et exposition sur 45 000 m² de bâtiments en polycarbonate et béton moulé. Dans le prolongement du boulevard, vers la porte de Valenciennes, mentionnons la tour Signal de l'hôtel de région dont on dit que c'est le troisième beffroi de Lille. Plus loin, on découvre le* ***complexe Stéphane Hessel*** *(2016) et sa façade sud-ouest ornée de vantelles colorées, en référence au drapeau « code-barres » de l'Europe d'un certain... Rem Koolhaas.*

Derborescence, inaccessible et vierge de toute intervention humaine, trône à 7 mètres du sol, face à la porte de Roubaix. Concerts gratuits.

PORTE DE ROUBAIX

F3 Vestige de l'enceinte espagnole (1621), cette porte massive a été percée en 1875 pour le passage des tramways. Un larmier en pierre et un étage en brique surmontent sa base de grès. On rejoint la **porte de Gand** par les rues des Canonniers et de Courtrai, à 600 m au nord.

LE TRIPOSTAL

F4 *22 av. Willy-Brandt - Ⓜ Gare-Lille-Flandres - ✆ 03 20 14 47 60 - www.lille.fr - ouvert uniquement durant les expositions.*

Anciennement affectés au tri du courrier postal, ces 6 000 m² étaient voués à la démolition. Lille 2004 en a fait un lieu d'accueil, d'exposition et de festival que Lille 3000 (p. 132) continue de faire vivre.

JARDIN DES GÉANTS

F2-3 *Accès av. Flaubert, bd Victor-Bach ou R. du Ballon - 03 20 21 22 23 - 9h à la tombée de la nuit (21h maxi) - gratuit.* De l'autre côté du périphérique, un parking de surface a laissé place à ce jardin de 2 ha signé par les paysagistes de l'Atelier Mutabilis (Paris). Il se découpe en trois entités, le Parvis des Nuages planté de bambous divers, l'Herbe des Géants avec sa végétation luxuriante et de jolies clairières, le Jardin des Sources et ses bassins d'eau, le tout sous le regard de têtes géantes en osier qui rappellent la tradition des Géants du nord de la France. Aux beaux jours la terrasse du **By's** (p. 85) est plus qu'agréable.

P. Hauser/hemis.fr

Le jardin des Géants, créé par l'Atelier Mutabilis.

CIMETIÈRE DE L'EST

F2-G3 *1 r. du Ballon - 03 62 26 08 24 - avr.-nov. : 8h-17h45 ; reste de l'année : 8h-16h45.*

Créé en 1779 en lieu et place d'un parc boisé, le plus ancien cimetière de Lille conserve son caractère paysager avec plus de 520 espèces de plantes et d'arbres référencées. Il est considéré comme l'un des plus vieux cimetières de cette taille en France et figure parmi les plus beaux du pays. Sur 22 ha, on y découvre de nombreuses chapelles funéraires présentant un intérêt historique, et on y trouve les les sépultures de Roger Salengro, Pierre Mauroy, emblématiques maires de Lille ou celle d'Alexandre Desrousseaux, auteur du *P'tit Quinquin*.

La rue Gounod

*Cette petite rue du quartier de St-Maurice-Pellevoisin est le plus beau concentré d'**Art nouveau** et d'architecture éclectique à Lille. Créée en 1903 sous l'impulsion de la famille Bonduelle-Lesaffre, de nombreuses villas sont l'œuvre d'Armand Lemay, architecte prolifique qui passa allègrement d'un style à l'autre. Du faubourg de Roubaix, la rue s'ouvre entre deux villas jumelles arborant des oriels d'angle remarquables. Suit la villa Beau Séjour et sa pergola, plus loin s'élève une villa surmontée d'une loggia à quatres colonnes doriques...*

Métropole européenne de Lille (MEL)

Si Lille en reste le centre, sa métropole, riche de 90 communes, cache des trésors qui méritent largement un détour. Au nord-est, Roubaix et Tourcoing ont digéré leur glorieux passé manufacturier et sont désormais tournées vers l'avenir, même si de vastes friches industrielles sont toujours en cours de réhabilitation. Villeneuve d'Ascq, au sud-ouest, ville nouvelle « créée » en 1970, compte de nombreuses fermes (résurgences de son passé rural), qui côtoient le LaM, dédié à l'art contemporain et à l'art brut, et le stade Pierre-Mauroy. Le nord-ouest (Lambersart, Bondues, Marcq-en-Barœul, Wambrechies) est résidentiel et aisé, parsemé des belles villas des familles industrielles.

▶**Accès :** Grâce à son large réseau, Ilévia couvre à peu près toute la métropole régionale, avec son métro, son tramway ou ses nombreux bus.
Carte de la Métropole européenne de Lille p. 67, plan de Roubaix p. 53 et plan de Villeneuve d'Ascq p. 61. Carte routière dans le 2e rabat de couverture.

ℹ www.lillemetropole.fr et sous le nom de chaque localité
▶**Conseils :** Si vous êtes en voiture, empruntez le « grand boulevard » (bd Carnot et bd de la République) qui relie Lille à Roubaix, bordé de très belles villas bourgeoises.
Nos adresses sous le nom de chaque localité.

ROUBAIX★

Plan p. 53
Nos adresses p. 78, 85, 92, 100, 105
Accès en voiture : à 18 km au nord-est de Lille (25mn).
Accès en métro : Depuis Lille, comptez 20mn de métro (ligne 2).
ℹ *voir p. 109.*
Visites guidées p. 114.

Surnommée la « ville aux mille cheminées » en référence à son riche passé industriel, l'ancienne capitale du textile se réinvente, forte de sa population jeune et métissée, de sa solidarité toute singulière et de ses filières d'excellence en matière d'e-commerce, d'image et de textile innovant. Roubaix peut se targuer d'une renommée internationale grâce au monument du cyclisme, le Paris-Roubaix !

LA PISCINE MUSÉE D'ART ET D'INDUSTRIE ANDRÉ-DILIGENT★★

23 rte de l'Espérance - Ⓜ Gare-Jean-Lebas - ✆ 03 20 69 23 60 - www.roubaix-lapiscine.com - ♿ - mar.-jeu. 11h-18h, vend. 20h, w.-end 13h-18h - 9 € (-18 ans, vend. 18h-20h

VIEW Pictures/View/Photononstop/ADAGP, Paris 2020

La Piscine, architectes Albert Baert 1932 et Jean-Paul Philippon 2001.

gratuit) - 13,50 € billet combiné avec la Manufacture (p. 52), 15,50 € billet combiné avec la Villa Cavrois (p. 54).

Ateliers et animations (sur réserv.), malles à jeux (déguisements, jeu de l'oie...) pour découvrir les œuvres. Certains w.-ends, proposition de parcours autour des cinq sens.

Le café du musée est très agréable (p. 85).

Hier « temple de l'hygiène », fréquenté par les Roubaisiens pendant plus de 60 ans, ce splendide complexe Art déco de bains-douches (1927-1932), édifié par Albert Baert, est aujourd'hui un superbe musée.

Conçu autour du bassin comme une abbaye autour d'un cloître, le lieu a conservé deux salles de bains (une pour hommes, une pour femmes), et sa **piscine★★** qui éblouit par son volume et sa décoration. Les baigneurs (on entend encore leurs cris, diffusés par intermittence) ont laissé place aux sculptures et peintures des 19e et 20e s. : œuvres d'artistes locaux comme *Marat assassiné* de Weerts, *Combat de coqs* de Cogghe mais aussi *La Petite Châtelaine* de Camille Claudel, peintures de Dufy, Lempicka, etc. Les cabines, qui ouvrent sur le grand bassin, servent quant à elles d'écrin aux riches collections de textiles : dessins, pièces d'habillement et d'ameublement ou à des expositions temporaires.

BALADE EN VILLE

Grand'Place et hôtel de ville

Ⓜ *Roubaix-Grand'Place.*
Œuvre de Victor Laloux, architecte de la gare d'Orsay à Paris, l'**hôtel de ville** fut inauguré en 1911. La façade, un corps central relié à deux ailes latérales par des passages couverts, est tout aussi élégante qu'impressionnante, à la hauteur des ambitions de la ville au début du 20e s. La verticalité de l'édifice est accentuée par les douze colonnes ioniennes ornant le bâtiment principal. Toujours sur ce dernier, au-dessus du second étage, remarquez la **frise★** monumentale illustrant des scènes de l'industrie roubaisienne : une quarantaine de personnages sont occupés à divers travaux tels que la récolte du coton, la tonte des moutons, la filature, le tissage, la teinture, l'apprêt... Toute l'histoire industrielle de Roubaix tient ici en quelques scènes.

Quartier des Créateurs

Colonne vertébrale du quartier des Créateurs, l'avenue Jean-Lebas arbore de cossues maisons de maître, repeintes dans des teintes pastel. Galeries photo, associations d'artistes, librairie et boutiques de mode tentent de trouver leur public, dispersées entre les rues de l'Espérance, du Chemin-de-Fer, de l'Avocat, de l'Ermitage, de l'Hospice et l'avenue Jean-Lebas. On trouve notamment rue de l'Espérance, juste à côté de La Piscine, le collectif de créateurs appelé **Le Grand Bassin** (☛ *p. 94*).

Ancienne usine Motte-Bossut

78 bd du Gén.-Leclerc - Ⓜ ou Tram Eurotéléport - ☏ 03 20 65 38 00 - www.roubaixtourisme.com - lun.-vend. 13h-18h. Cette ancienne filature de coton (1862), témoin de l'architecture industrielle du 19e s., a été réhabilitée en 1993 par l'architecte Alain Sarfati ; le **Centre des archives du monde du travail** y a pris place. De l'extérieur, ce « château de l'industrie » tient à la fois du paquebot et de la forteresse médiévale, avec ses créneaux et sa tour de guet, mais également son pont-levis, suggéré par la structure métallique dominant l'entrée.

La Condition publique

14 pl. Faidherbe - Ⓜ ou Tram Eurotéléport - ☏ 03 28 33 48 33 - www.laconditionpublique.com - ♿ - hors vac. scol. : merc.-sam. 13h-19h. Bel exemple de reconversion du patrimoine industriel roubaisien.

SE LOGER
La Maison Bleue 21

SE RESTAURER
Baraka 69

PRENDRE UN VERRE
Café Meert 16

SHOPPING
Autour des Mots........... 34
Carlier Vogliazzo........... 35
Le Grand Bassin 37
McArthurGlen.............. 38
Un Hibou dans la Tasse 36

SORTIR
Ballet du Nord.............. 24

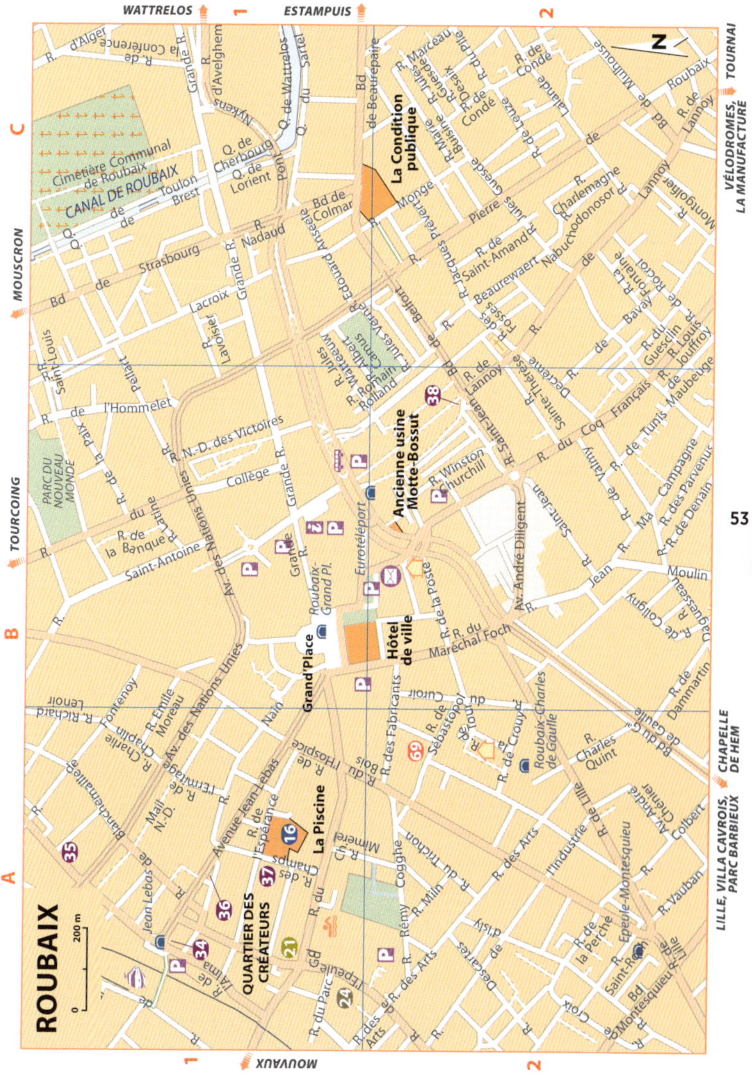
ROUBAIX
0
200 m
WATTRELOS
ESTAMPUIS
MOUSCRON
TOURCOING
MOUVAUX
VÉLODROMES, LA MANUFACTURE
TOURNAI
CHAPELLE DE HEM
LILLE, VILLA CAVROIS, PARC BARBIEUX
A
B
C
1
2
La Condition publique
Ancienne usine Motte-Bossut
Hôtel de ville
Grand'Place
La Piscine
QUARTIER DES CRÉATEURS
CANAL DE ROUBAIX
Cimetière Communal de Roubaix
PARC DU NOUVEAU MONDE
Eurotéléport
Roubaix-Grand Pl.
Roubaix-Charles de Gaulle
Av. des Nations Unies
Av. André Diligent
Avenue Jean-Lebas
Bd de Strasbourg
Bd de Colmar
Bd de Beaurepaire
Bd de Belfort
R. du Maréchal Foch
R. de Lannoy
R. du Coq Français
16
21
24
34
35
36
37
38
69

Avant de devenir **maison Folie** (p. 128), la Condition publique, bâtie en 1901, était le lieu où l'on mesurait le taux d'humidité dans le textile afin d'en chiffrer la vente. Symbole d'une industrie prospère, l'édifice est décoré de briques émaillées polychromes. La Condition publique est désormais une salle de spectacles pluridisciplinaire.

La Manufacture – musée de la Mémoire et de la Création textile

Hors plan

29 av. Julien-Lagache - M ou Tram Eurotéléport puis bus n° 15 dir. Leers Église, arrêt Fraternité - 03 20 20 98 92 - www.lamanufacture-roubaix.com - ♿ - visite guidée obligatoire (1h) mar.-dim. à 14h, 15h et 16h dép. ttes les heures - 6 € (-18 ans 4 €), 13,50 € billet combiné avec la Piscine (p. 50), 9,50 € billet combiné avec la Villa Cavrois (ci-contre).

Au sein de ce musée installé dans les bâtiments des établissements Craye, une quinzaine de métiers à tisser (de la machine à bras du 17e s. à la machine assistée par ordinateur) sont mis en marche au fur et à mesure de la visite guidée. On a ainsi une idée du bruit assourdissant dans lequel évoluaient les ouvriers, composés en partie d'enfants. On découvre l'évolution du jacquard, métier à tisser qui a pris le nom de son inventeur au début du 19e s. Vidéos et témoignages complètent la visite.

Vélodromes **Hors plan**

59 av. Alexandre-Fleming - 03 20 65 31 60 - lun. 10h-21h, mar.-vend. 10-22h, sam. 9h-20h, dim. 8h-14h - visite libre du Parc des sports (dont les deux vélodromes).

Roubaix est à ce point dédié au cyclisme qu'elle dispose non pas d'un mais de deux vélodromes. Le premier, dit **l'Historique**, est un stade intégré dans le Parc des sports construit en 1923. Transformé en vélodrome en 1935, il est connu dans le monde entier depuis 1942, quand il devient le point d'arrivée de Paris-Roubaix. En 1996, pour le centenaire de la course, un secteur pavé est créé à proximité, avenue Alfred-Motte, pavés sur lesquels les noms des vainqueurs de la course ont été gravés. Les douches, qui datent des années 1930 et qui portent elles aussi le nom des vainqueurs, ont gardé leur aspect traditionnel. L'autre vélodrome, dit le **Stab Vélodrome** ou vélodrome couvert, ouvert en 2012, offre à tous la possibilité d'un baptême de vélo sur piste (p. 111).

CROIX

Carte p. 67, B2

VILLA CAVROIS★★

60 av. J.-F.-Kennedy - 03 20 73 47 12 - www.villa-cavrois.fr - ♿ - 10h-18h - fermé lun. - 9,50 € (-18 ans gratuit) - 15,50 € billet combiné avec le musée La Piscine.

Accès en transports : De Lille, prendre le tramway R, dir. Roubaix, arrêt Villa Cavrois (15mn), puis 10mn de marche (r. d'Hem puis av. Kennedy sur la g., suivre les panneaux).

F. Paubel/hemis.fr

La villa Cavrois, architecte Robert Mallet-Stevens, 1932.

Accès en voiture : à Croix, à 3 km au sud-ouest de Roubaix (15mn en voiture du centre de Lille).

Construite entre 1929 et 1932 par **Robert Mallet-Stevens** (1886-1945), grande figure de l'architecture de l'entre-deux-guerres, la villa Cavrois est un remarquable exemple d'architecture civile et de décors modernes, alliant esthétique et fonctionnalité. Mallet-Stevns conçut dans cette banlieue résidentielle de Roubaix une œuvre totale : non seulement la villa, mais aussi le mobilier, le jardin et la piscine, afin d'accueillir le richissime industriel du textile Paul Cavrois et sa famille de sept enfants.

Acquise par l'État en 2001, la villa a bénéficié d'une superbe restauration. Elle avait en effet été abandonnée (et même vandalisée) après le décès de Mme Cavrois, en 1986, et le mobilier vendu aux enchères (quelques meubles d'origine ont été récupérés). Une pièce témoin, laissée à l'état de ruine, permet de se rendre compte de l'ampleur des travaux.

Installé dans un quartier huppé et verdoyant de Croix, l'édifice, parfois surnommé « bateau Cavrois », est doté d'un corps central, d'un pivot vertical demi-cylindrique et de deux ailes latérales. Les multiples terrasses et le traitement du parement des briques révèlent les lignes horizontales de la villa. Son esthétique jaune lui confère, à l'époque, une identié moderne et audacieuse. L'organisation intérieure est classique mais très moderne dans l'utilisation des matériaux – notamment le béton –, le jeu des couleurs, des volumes (dissymétries créant une dynamique dans les pièces), et de la lumière. Le hall-salon s'ouvre sur le parc par la vaste baie vitrée, tout comme la salle à manger qui laisse entrer la nature grâce à son miroir placé au-dessus du buffet. Une grande attention est portée aux décors avec l'utilisation du verre, du métal, de l'acier, de différentes essences de bois et de marbres variés. Rien n'est laissé au hasard, cache-radiateurs en aluminium, enceintes de la TSF dissimulées dans les murs, éclairage indirect intégré. La visite se termine par le parc, d'où l'on admire le style classique de l'édifice et son reflet dans le miroir d'eau de 72 m de long. Ne manquez pas, au sous-sol, la vidéo qui retrace la réhabilitation, ainsi que l'intéressante « matériauthèque », véritable salle au trésor.

TOURCOING

Carte p. 67, B1

Nos adresses p. 79, 85, 94, 100, 105

Accès en métro : De Lille, env. 30mn en métro (ligne 2).

Accès en voiture : Tourcoing se situe à une douzaine de kilomètres au nord-est de Lille.

voir p. 109.

À l'instar de sa voisine Roubaix, Tourcoing possède un riche passé industriel dont le patrimoine architectural accueille aujourd'hui des lofts, des entreprises, des écoles, des laboratoires de recherche.
Le MUba, l'IMA et le Fresnoy témoignent d'un regard porté vers les arts d'ici et d'ailleurs tandis que la Plaine Images incarne l'ambition et le succès de soutenir les industries créatives installées dans les immenses filatures d'antan. En dépit d'une réputation austère, Tourcoing fourmille, vibre de mille projets numériques et dévoile ses attraits historiques et culturels à proximité de l'hôtel de ville et du parvis de l'église St-Christophe.

Hôtel de ville

10 pl. Victor-Hassebroucq - Ⓜ Colbert - 03 20 23 37 00 - www.tourcoing.fr - ♿ - lun.-vend. 8h-17h30. Ce monument du Second Empire est un exemple de style éclectique. En façade, un blason surplombe chacune des trois portes. L'ensemble, de style néo-Renaissance, rappelle l'Opéra Garnier.

MUba Eugène-Leroy

2 r. Paul-Doumer - Ⓜ Tourcoing-Centre - 03 20 28 91 60 - www.muba-tourcoing.fr - ♿ - tlj sf lun. 13h-18h - 5,50 € (-18 ans gratuit).
Dans cet hôtel particulier devenu musée en 1931, la collection permanente comprend des œuvres de l'école du Nord des 16e et 17e s. (Rembrandt, Quellinus, Bouillon, Seghers, Rombouts) et des toiles du 19e s. (*35 têtes d'expression* de Boilly, *Portrait de Sarah Bernhardt* de Clairin) et du 20e s. (Fautrier, Sol LeWitt). Parmi les sculptures

contemporaines, remarquez **Kopf**, tête d'homme de Markus Raetz (1992), dont la perception varie selon l'angle de vue. En 2009, une donation de la famille d'**Eugène Leroy** (Tourcoing 1910-Wasquehal 2000) a doté le musée de la plus grande collection de France de ce peintre injustement méconnu. Ses tableaux intriguants, aux motifs incertains, aux couleurs et aux lumières toujours mouvantes laissent entrevoir des silhouettes, un geste, des paysages.
Les œuvres du musée sont exposées dans une confrontation thématique, sans tenir compte de l'époque où elles ont été peintes.

Église St-Christophe

Pl. de la République.
Au centre de la ville, l'église St-Christophe, bel édifice néogothique, comporte le 4e plus grand **clocher** de France (16e s.) : 62 cloches dont un bourdon de plus de 6 tonnes. Il abrite le **musée du Carillon** qui présente des mécanismes anciens dont une horloge du 16e s., une série de croix et de coqs d'église.

Chambre de commerce

Pl. Charles-et-Albert-Roussel.
Ce superbe bâtiment de Charles Plankaert (1906), inspiré de la Renaissance flamande et dominé par un **beffroi**, est, comme à Lille, révélateur de l'essor industriel et de l'activité commerciale de la ville à l'aube du 20e s.

Hospice d'Havré

100 r. de Tournai - Ⓜ Tourcoing-Centre - ✆ 03 59 63 43 53 - www.tourcoing-tourisme.com - tlj sf mar. 13h30-18h - fermé en août - gratuit.
Fondé en 1260, cet ancien hospice a été reconstruit aux 17e et 18e s. Du monastère restent la chapelle avec son retable baroque et le cloître avec ses culs-de-lampe sculptés. Depuis 2004, le lieu est transformé en **maison Folie** (*p. 128*).

Institut du monde arabe Tourcoing

9 r. Gabriel-Péri - Ⓜ Colbert ou Tram Tourcoing-Centre - ✆ 03 28 35 04 00 - https://ima-tourcoing.fr - mar. 13h-18h, merc.-dim. 10h-18h - 3 €.
À l'instar de son grand frère parisien, l'IMA-Tourcoing est un outil essentiel à la connaissance et à la découverte mutuelle entre les deux rives de la Méditerranée. Installé dans une ancienne école de natation (1904), site remarquable et emblématique du patrimoine de la région, l'Institut, inauguré fin 2016, organise des expositions de grande qualité (œuvres venant de l'IMA-Paris, du MUba et du Louvre-Lens). Concerts, conférences, projections et actions éducatives sont aussi au programme. Les travaux en cours dans l'ancien bassin et autour devraient aboutir à la création d'un nouvel espace d'exposition, d'un centre de ressources et d'un centre d'enseignement de la langue arabe.

Serres pédagogiques du jardin botanique

R. du Moulin-Fagot - visite guidée uniquement (45mn), sur réserv. à l'office de tourisme - gratuit.
En plein cœur de la ville, ces serres assurent une plongée dépaysante dans différentes atmosphères avec

de riches collections de plantes tropicales, orchidées, succulentes, plantes carnivores, agrumes, etc.

Maisons Prouvé

99 r. du Gén.-Marchand - ☎ 03 20 26 89 03 - visite guidée (1h), se rens. à l'office de tourisme. L'architecte Jean Prouvé (1901-1984) est connu pour le travail qu'il accomplit après-guerre sur l'habitat social, modulaire et économique. En 1952, il construisit à Tourcoing, à titre expérimental, deux pavillons de type « métropole », dont l'un a été réhabilité.

Musée du 5 juin 1944 « Message Verlaine »

4 bis av. de la Marne - Tram Pont-Hydraulique - ☎ 03 20 24 25 00 - www.museedu5 juin1944.asso.fr - 1er et 3e dim. du mois 9h-18h, reste de la sem. sur demande - 5 €. Le blockhaus du commandement de la XVe armée allemande est devenu un musée. C'est ici que fut décodé, le 5 juin 1944, le message de Radio-Londres annonçant le débarquement en Normandie : « Les sanglots longs des violons... » On découvre le matériel de la guerre des ondes et une reconstitution de la chambre-bureau du général von Salmuth.

Le Fresnoy

22 r. du Fresnoy - Ⓜ Alsace - ☎ 03 20 28 38 00 - www.lefresnoy.net - merc.-dim. 14h-19h - 4 € (-18 ans et dim. gratuit). Pôle d'images et de loisirs, ce lieu de de médiation propose au public des expositions d'art contemporain et une programmation variée et exigeante de cinéma, de concerts et de spectacles. Ce bâtiment dont on visite même les toits est aussi une école pointue d'envergure internationale. Les œuvres des étudiants sont visibles chaque année en septembre lors de l'exposition « Panorama ».

L'Imaginarium Plaine Images

99a bd Descat - Ⓜ Alsace - ☎ 03 20 29 89 50 - http://plaine-images.fr - lun.-jeu. 8h30-18h45 (vend. 17h45) - gratuit. Situé dans l'écoquartier de l'Union, l'Imaginarium est un site industriel réhabilité dédié aux industries créatives (jeux vidéo, image de synthèse, réalité augmentée, animation, 3D, 3G...). Plus de 1000 personnes y travaillent, portées par l'impulsion d'Ankama, leader du jeu en ligne multijoueur, une vraie réussite.

VILLENEUVE D'ASCQ★

Plan p. 61

Nos adresses p. 79, 105

Accès : Villeneuve d'Ascq se situe à env. 10 km à l'est de Lille.

voir p. 109.

En 1970, trois communes de la proche banlieue est de Lille fusionnent, donnant naissance à Villeneuve d'Ascq et à sa devise « Tres in uno ». La ville devient un terrain pour les innovations urbaines et techniques comme l'habitat intermédiaire, le premier métro automatique du monde, la chaîne des lacs artificiels. Aujourd'hui, on y profite de l'immense parc du Héron (110h), de la richesse des collections du LAM et des événements sportifs et culturels du stade Pierre-Mauroy.

Manuelle Gautrand architecture/photo : Max Lerouge

Le musée LaM à Villeneuve d'Ascq, architectes Roland Simounet 1983 et Manuelle Grautrand 2010.

LAM - LILLE MÉTROPOLE MUSÉE D'ART MODERNE, D'ART CONTEMPORAIN ET D'ART BRUT★★

1 allée du Musée - ✆ 03 20 19 68 68 - www.musee-lam.fr - ♿ - tlj sf lun. 10h-18h - 7 € (-12 ans gratuit).

Accès en métro : Arrêt Villeneuve d'Ascq-Hôtel-de-Ville (ligne 1) + bus Liane 4, arrêt LAM. Ou bien arrêt Fort de Mons (ligne 2) + bus 59, arrêt LAM.

Le LaM regroupe une exceptionnelle collection d'art des 20e et 21e s. L'extension architecturale (Manuelle Gautrand), en forme de main, se love autour du bâtiment d'origine conçu en 1983 par l'architecte Roland Simounet et double la surface d'exposition. Des ouvertures percées à la façon d'un moucharabieh ouvrent sur le parc des sculptures.

Parc des sculptures – Des sculptures monumentales sont disséminées dans le parc, dont un mobile et un stabile (sculpture abstraite faite généralement d'éléments métalliques, parfois colorée et fixée au sol) de **Calder**, et l'imposant *Between Fiction and Fact* (1992) de Richard Deacon, qui a été spécifiquement conçu pour le LaM ; ne ratez pas *Femme aux bras écartés* (1962) de **Picasso**, une idole en ciment et galets, à la fois colossale et fragile, qui semble flexible comme une feuille de papier.

Art moderne★★ – La collection comprend 220 œuvres du début du

20e s. L'**art cubiste** occupe une salle à part entière (œuvres de Braque, Picasso, André Derain). Une salle est consacrée à Fernand Léger, une autre à Modigliani. Les **surréalistes** et les peintres abstraits sont bien représentés avec Miró, Kandinsky et Klee. Des artistes de l'**école de Paris** sont également exposés : Lanskoy et Utrillo. Une dernière salle est consacrée à Dubuffet et à son cycle de *L'Hourloupe*, qui signe la transition avec la collection d'art brut.

Art contemporain – Les affichistes Jacques Villeglé et François Dufrêne s'illustrent par l'emploi du collage. Les œuvres au noir de Pierre Soulages, celles, ludiques, d'Annette Messager et les productions en série d'Allan McCollum complètent l'exposition.

Art brut★★★ – Avec plus de 4 000 œuvres issues de 170 créateurs (environ 350 sont exposées), la collection d'art brut constitue un fonds unique, le plus important exposé en France. La notion d'art brut a été inventée par **Jean Dubuffet** en 1945, qui relayait les travaux effectués par deux médecins en psychiatrie autour des créations de leurs patients. Par extension, le terme désigne les productions de personnes n'appartenant pas au monde de l'art et étant dégagées de tous préceptes culturels, doctrinaux ou intellectuels. Parmi les premières œuvres exposées, le *Cloisonné de théâtre* d'**Aloïse Corbaz** déroule en trois actes, sur un monumental rouleau de papier long de 14 m, le drame amoureux d'Aloïse. Les salles présentent ensuite l'évolution de l'art brut : de l'impulsivité de la création (Adolf Wölfli, Auguste Forestier, Guillaume Pujolle), jusqu'à l'appropriation par les médiums (Fleury-Joseph Crépin, Augustin Lesage, Madge Gill, Victor Simon) en passant par les créations sculpturales (A.C.M., Theo Wiesen) ou architecturales à l'image de la maison du Facteur Cheval (abbé Fouré). Les rouleaux d'**Henry Darger**, chargés de petites filles au sexe masculin, révèlent un univers violent. Tandis que la collection de fusils d'André Robillard, fabriqués à l'aide de rubans adhésifs et d'éléments récupérés, est pleine d'ironie.

PATRIMOINE RURAL

Parc archéologique Asnapio

R. Carpeaux - ✆ 03 20 47 21 99 - https://asnapio.villeneuvedascq.fr - ♿ - vac. scol. : mar.-vend. 14h-17h; mai-juin : 2e dim. du mois (gratuit) 15h-19h; sept.-oct. (hors vac. scol.) : 2e dim. du mois (gratuit) 14h-18h - fermé nov.-mars - 4 € (-18 ans 2 €).

Dans ce parc sont reconstitués des exemples d'habitat rural du nord de la France, depuis le paléolithique jusqu'au Moyen Âge : seule la villa gallo-romaine est « en dur »; les autres bâtiments – habitations et ateliers, où l'on peut assister à des démonstrations techniques – sont construits en bois, torchis et chaume.

Musée des Moulins

R. Albert-Samain - ✆ 03 20 05 49 34 - www.aram-nord.asso.fr - visite guidée uniquement (1h) lun.-vend. 10h-12h, 14h-17h - 7 € (-13 ans 5 €).

VILLENEUVE D'ASCQ
SE LOGER
La Maison du Sart 23
SE RESTAURER
Bistro Iodé 67
LILLE, GENT
ROUBAIX, WATTRELOS
ROUBAIX
ROUBAIX
ROUBAIX
TOURNAI
VALENCIENNES
LILLE, DUNKERQUE, PARIS
LILLE
LILLE
BONDUES
Ferme d'En Haut
Musée des Moulins
Parc archéologique Asnapio
Ferme du Héron
LaM
Flers
Lac du Heron
Parc du Héron
Musée du Terroir
ANNAPPES
Musée de Plein Air
Forum départemental des sciences - Centre François-Mitterrand
Ferme Dupire
Mémorial Ascq 1944
Stade P.-Mauroy
LA MARQUE
Wasquehal-Pavé de Lille
Jean Jaurès
Les Prés
Mairie de Mons
Mons Sarts
Fort de Mons
Marbrerie
Hellemmes
Lezennes
Pont de Bois
Hôtel de Ville
Triolo
Cité Scientifique - Professeur Gabillard
4 Cantons - Stade P. Mauroy
HELLEMMES
MONT-DE-TERRE
ANNAPPES
ASCQ
A 22 / E 17
A 1 / E 17
A 27 / E 42
A 23
N 227
Av. de Flandre
Av. de Roubaix
R. de la Couture
Bd de Mons
R. de Fives
R. Chanzy
R. Jacquard
R. de Lannoy
Bd de l'Ouest
Bd du Breucq
R. des Fusillés
R. Colbert
R. Nicolas Appert
Rte de Sainghin
N
0
1 km

Jusqu'au 19e s., la région comptait quelque 200 moulins. Depuis 1976, trois spécimens ont été réintroduits à Villeneuve d'Ascq : le **moulin des Olieux** (1743) qui produisait de l'huile de lin (à usage industriel), un **moulin à farine** (1776) et un moulin à eau. À deux pas, le **musée** permet de comprendre le mécanisme de la minoterie. On y découvre les outils (18e et 19e s.) du charpentier, du meunier, du bûcheron et une collection de meules.

Château de Flers

Ch. du Chat-Botté - 03 20 43 55 75 - www.villeneuvedascq.fr - mar.-vend. 9h-12h30, 14h-18h, sam. 9h-12h.
Les douves de ce château flamand (1661) étaient jadis enjambées par un pont-levis. Les bâtiments en brique avec chaînages de pierre, surmontés de pignons à pas de moineaux, abritent l'**office de tourisme** et un **musée du Château** *(mar.-vend. 14h30-17h30, 1er et 3e dim. du mois 15h-18h30 - gratuit).*

Musée du Terroir

12 carrière Delporte, r. Pasteur - 03 20 91 87 57 - www.villeneuvedascq.fr - - avr.-nov. : lun.-vend. 13h30-17h - 4 €.
Dans le quartier ancien d'Annappes, la **ferme Delporte** est bâtie en brique et pierre de Lezennes. On y explique l'emploi des outils agricoles et la production d'artisanat traditionnel – forge, serrurerie, menuiserie, laiterie. Y sont également reconstitués les intérieurs d'une ferme (cuisine, chambre) et évoqués la vie dans les estaminets, les jeux, l'école...

Fermes d'antan

On compte plus de 70 fermes à Villeneuve d'Ascq, dont les plus anciennes datent du 17e s. Elles présentent une architecture en rouges-barres, un appareillage où alternent brique, pierre ou silex. La **ferme du Grand Ruage** (19e s.) est toujours en exploitation *(r. Colbert)*. En revanche, beaucoup ont été reconverties, comme la grange de la **ferme Dupire**, transformée en salle de spectacles *(80 r. Yves-Decugis)*. La **ferme d'En Haut** héberge des ateliers d'artistes *(268 r. Jules-Guesde)*. La **ferme du Héron** (1816), à l'est du lac, est un centre de découverte de l'environnement (réserve naturelle d'oiseaux, verger expérimental...).

Musée de Plein Air

143 r. Colbert - 03 20 63 11 25 - https://enm.lillemetropole.fr/parcs/musee-de-plein-air-villeneuve-dascq - - horaires sur le site Internet - fermé nov.-mars - 5 € (-12 ans 3 €).
Ce parc met à l'honneur le patrimoine rural de Flandre, d'Artois, de Picardie et du Hainaut : 24 bâtiments sauvés de la ruine et rassemblés ici rappellent que les « petites gens » surent élever des constructions adaptées à leur métier sans architecte : chaumière, fournil, forge... Ce patrimoine vernaculaire est animé de démonstrations/expositions.

MÉMORIAL ASCQ 1944

79 r. Mangin - 03 20 91 87 57 - https://www.villeneuvedascq.fr/memorial-ascq-1944-2 - - 1er dim. du mois 14h30-17h30.

Beata Haliw/iStock

Le stade Pierre-Mauroy, réalisé par Pierre Ferret, en équipe avec Valode et Pistre.

Ce musée commémore le massacre, dans la nuit du 1er avril 1944, de 86 habitants d'Ascq, dont le plus jeune avait 15 ans, ainsi que le procès des accusés allemands en 1949. Le long de la voie ferrée, 86 pierres perpétuent la mémoire des disparus.

FORUM DÉPARTEMENTAL DES SCIENCES - CENTRE FRANÇOIS-MITTERRAND

1 pl. de l'Hôtel-de-Ville - ✆ 03 59 73 96 00 - www.forumdepartementaldes sciences.fr - ♿ - merc.-dim. 14h-18h, vac. scol. : mar.-dim. 11h-18h - 6 € (-26 ans 3 €).

Le Forum sensibilise aux sciences et technologies grâce à des expositions temporaires et un centre de documentation. Le **planétarium**, (14 m de diamètre) propose une initiation à la lecture du ciel.

STADE PIERRE-MAUROY

261 bd de Tournai - Ⓜ ligne 1 Cité-scientifique ou Quatre-Cantons-Stade Pierre-Mauroy ; Ⓜ ligne 2 Les Prés + navette grauite lors d'événements - www.stade-pierre-mauroy.com - visite guidée (1h) uniquement sur réserv. via le site Internet - 13 € (-18 ans 10 €).

C'est l'un des stades les plus modernes de France, l'un des plus étonnants aussi. Inauguré en 2012, l'ex-Grand Stade de la Métropole européenne de Lille est le seul à pouvoir être entièrement couvert par un toit amovible et à être complètement modulable : la pelouse se scinde en deux, l'une des parties glissant sur l'autre quand il se transforme en Arena. Il accueille aussi bien les matchs de football du Losc (le célèbre club local, champion de France 1946, 1954 et 2011) que de tennis (Coupe Davis 2014, 2017, 2018) rugby, de basket ou des concerts.

WAMBRECHIES★

Carte p. 67, AB2

Nos adresses p. 94

Accès : Wambrechies se situe à 9 km au nord de Lille.

voir p. 109.

En bordure de l'agréable canal de la Deûle, ce bourg, autrefois prisé par les riches industriels de la région, a conservé, autour de la Grand'Place, son architecture flamande : son élégant **hôtel de ville** (1868), dont l'architecture en brique rappelle le maniérisme de la Renaissance flamande, sa superbe **église** et son château entouré de douves.

Distillerie Claeyssens

1 r. de la Distillerie - 03 20 14 91 91 - https://distilleriedewambrechies.com - - visite guidée uniquement (45mn) merc. 15h et sam. 10h30, 14h30 et 16h - 6,50 € (4,30 € 12-18 ans) avec dégustation. Passionnante visite de l'une des deux dernières distilleries de genièvre en France. Au programme : l'histoire de cette maison fondée en 1817, découverte des machines d'époque (moulins, alambics...) et du procédé de fabrication, dégustation.

Musée de la Poupée et du Jouet ancien★

Château de Robersart - 03 20 39 69 28 - www.musee-du-jouet-ancien.com - - vac. scol. : 14h-18h; reste de l'année : merc., dim. 14h-18h - 4 € (enf. 2 €).

Fête du jouet ancien (p. 117).

Installé dans les salles voûtées du **château de Robersart**, lieu de résidence des seigneurs de Wambrechies, construit à la fin du 18e s. dans le style Renaissance, ce musée abrite une superbe collection de poupées et de jouets du milieu du 19e s. aux années 1960 : petits trains, voitures André Citroën (1920-1939), soldats de plomb, poupées, collection d'albums de *Bécassine* (1913-1958)... Expositions temporaires et jeux en bois flamands en libre accès. Autour du château, vaste parc (9 ha), idéal pour pique-niquer *(jeux et basse-cour)*.

LAMBERSART

Carte p. 67, AB2

Nos adresses p. 100

Accès : à 5 km au nord-ouest de Lille par la rue Solférino et la D 751.

Ville riche et résidentielle de la métropole lilloise, Lambersart brille par ses demeures bourgeoises à l'architecture souvent inspirée par les zones balnéaires. Belles villas sur l'**avenue de l'Hippodrome** : la villa St-Charles de style éclectique construite en 1893 par Victor Mollet (nº 193), la villa St-Georges d'Albert Baert (nº 218) ou la villa Sdez (nº 309) bâtie par Marcel Boudin en 1932.

MARCQ-EN-BARŒUL

Carte p. 67, B2
Nos adresses p. 79

Accès : à 9 km au nord-est de Lille par la D 670.

Village des métiers d'art du Septentrion et château du Vert-Bois

21 ch. des Coulons - 03 20 46 26 37 - www.fondationseptentrion.fr - parc été : sam. 12h-18h, dim. 14h-18h30 ; reste de l'année : sam. 12h-18h, dim. 13h-17h30, sem. se rens. - 2,20 € - château 9 € (-11 ans 7,50 €).

Le village des métiers d'art du Septentrion occupe les bâtiments de l'ancienne ferme des Marguerites. On y trouve galeries d'art, restaurants et différentes échoppes d'artisans. Au cœur du village, la **Fondation Prouvost** organise des expositions et présente une belle collection de minéraux rares rassemblés par Anne et Albert Prouvost au cours de leurs voyages. Le **parc** (60 ha), peuplé de tilleuls argentés, de marronniers et de chênes rouges, permet de gagner le Vert-Bois. Dans le secteur planté de tulipiers de Virginie, on remarque *L'Enlèvement des Sabines*, bronze de Jean de Bologne, et *Le Bélier*, œuvre moderne de Paul Hemery. Le **château** présente des collections de peinture, sculpture et mobilier des 17 et 18e s. Il est précédé d'un charmant jardin clos agrémenté de roses aux beaux jours.

Médiathèque La Corderie

56 r. Albert-Bailly - 03 20 81 87 45 - https://corderie.marcq-en-baroeul.fr - ♿ - mar. et jeu. 14h-18h, merc. et sam. 10h-18h, vend. 14h-20h.

Ancienne chapellerie devenue corderie en 1868, cette vaste usine, fermée en 2000, a été reconvertie en médiathèque par l'agence Anaa Architectes. Le bâtiment a gardé sa facture industrielle tout en devenant un lieu riche de 100 000 documents, d'un auditorium et d'une salle d'exposition.

BONDUES

Carte p. 67, B1

Accès : à 15 km au nord-est de Lille par la D 652.

Musée de la Résistance

Av. du Gén.-de-Gaulle (N 17) - accès au 2 ch. St.-Georges - Bus Liane 91 ou n° 86 (arrêt Fort-de-Bondues) - 03 20 28 88 32 - www.ville-bondues.fr/musee - ♿ - juil.-août : 14h-18h ; sept.-juin : 14h-16h30, 1er et 3e dim. du mois 14h30-18h - fermé mar. et w.-end - 6 € (-12 ans gratuit).

Construit entre 1875 et 1885, le fort de Bondues faisait partie d'une ceinture de protection de Lille. Durant la Seconde Guerre mondiale, 68 résistants y ont été fusillés par l'occupant allemand. C'est en leur honneur que la ville de Bondues a ouvert ce musée très pédagogique sur la résistance locale. Expositions thématiques temporaires.

ARMENTIÈRES

Carte p. 67, A2

Accès : à 20 km au nord-ouest de Lille par l'A 25.

Hôtel de ville

Pl. du Gén.-de-Gaulle.

Entièrement détruite durant la Première Guerre mondiale, la

Grand'Place a été reconstruite entre 1924 et 1934. On doit à l'architecte Louis Marie Cordonnier le monument aux morts, les anciennes halles devenues le théâtre Le Vivat et l'hôtel de ville, imposant édifice en brique de style Renaissance flamande, dominé par un majestueux beffroi classé au Patrimoine mondial de l'Unesco depuis 2005. Après environ 200 marches, vue panoramique sur la ville, les monts de Flandre, la vallée de la Lys, la métropole lilloise et la campagne belge.

Les Prés du Hem

7 av. Marc-Sangnier - ✆ 03 20 63 11 27 - https://enm.lillemetropole.fr - ♿ - juil.-août : lun.-sam. 10h-19h, dim. 20h ; reste de l'année : se rens. sur le site Internet - fermé nov.-fév. - 8 € (enf. 5 €) - gratuit mars et oct. (pas d'activités), 24 € billet famille (2 adultes + 2 enf.).

Cet espace de 120 ha est dédié aux loisirs. École de voile, port fluvial, plage pour la baignade, etc. Vous trouverez aussi une réserve ornithologique, des jeux pour enfants, et bien d'autres attractions.

HOUPLIN-ANCOISNE

Carte ci-contre, A2

Accès : à 10 km au sud-ouest de Lille par la D 147.

Mosaïc - Jardin des cultures

103 r. Guy-Môquet - ✆ 03 20 63 11 24 - https://enm.lillemetropole.fr - ♿ - juin : lun.-vend. 10h-18h, sam. 19h, dim. 20h ; juil.-août : lun.-sam. 10h-19h, dim. 20h ; sept.-oct. : merc. et sam. 10h-18h, dim. 10h-19h - fermé nov.-mars - 6 € (-12 ans 4 €) - 17 € billet famille (2 adultes + 3 enf.).

Au cœur du parc de la Deûle, les 33 ha de Mosaïc offrent une bouffée d'air pur. Partez à la découverte de la mosaïque de peuples et de cultures qui ont choisi la métropole lilloise comme lieu de vie, à travers un espace paysager contemporain et original. Mosaïc mêle grands espaces (étang, vastes pelouses, aires de jeux et de pique-nique) et reconstitutions de jardins traditionnels du monde entier (les terrasses de la Méditerranée, le jardin des Figuiers, le Jardin tissé ou celui du Dragon...).

Au départ de Lille, en été, visite des jardins en bateau possible.

SECLIN

Carte ci-contre, A3

Accès : à 3 km de Houplin-Ancoisne par la D 63.

Collégiale Saint-Piat

Bd Joseph-Hentgés - www.seclin-tourisme.fr - ouv. merc. 14h-17h et durant les offices.

Concert de carillon + visite guidée : ✆ 09 72 52 85 03 - 4,50 € (-12 ans gratuit).

Dans le clocher de l'église, le **carillon** (42 cloches) offre une sonorité unique. C'est le seul de France réalisé en Angleterre, à partir d'une unique coulée de bronze. L'instrument servit de diapason au réglage de nombreux carillons français.

Fort

Chemin du Fort - ✆ 03 20 97 14 18 - www.fortseclin.com - visite guidée de déb. avr. au 11 Nov. : w.-end 15h ; reste de l'année : sur demande au ✆ 06 58 77 74 48 - 6 € (-15 ans 4 €). Le fort de Seclin, comme celui de Bondues, a été construit pour protéger la ville de Lille, après 1870. Cependant le site est parfaitement intact. L'ouvrage abrite un musée sur la Première Guerre mondiale, riche d'objets du quotidien des soldats, d'une collection de pièces d'artilleries et d'hippomobiles.

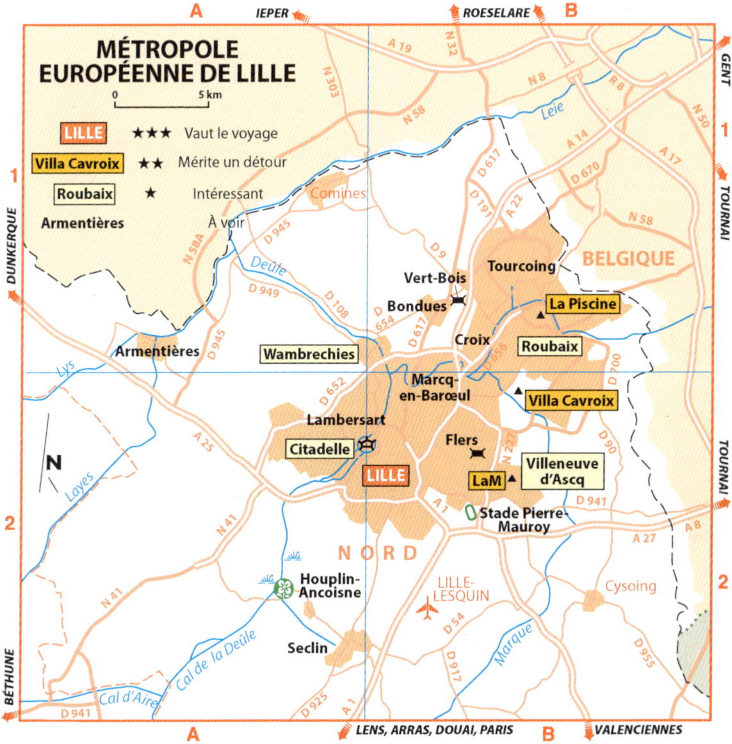

Rue des
VIEUX MURS
LICENCE
DE FLAMANDE MAISON
OULET AU MAROILLES MAISON
MAROILLES MAISON
POTJE VLEECH
SON
GAUFRE LIEGEOISE
SPECULOOS MAISON
GLACES

Nos adresses

Terrasses de café au cœur du Vieux Lille.
thehague/iStock

Se restaurer

Difficile de choisir un endroit pour se restaurer ! Il y en a pour tous les goûts et pour toutes les bourses, de la cuisine bistronomique *trendy* aux plats traditionnels flamands, carbonade, potjevleesch ou waterzooi.
Rappelez-vous que le fromage roi est le maroilles (mais qu'il n'est pas le seul) et qu'il est plus fort à l'odeur qu'au goût.
N'oubliez pas que la mer est à deux pas et que le poisson est donc frais : véritable source d'inspiration pour les chefs locaux.
Enfin, la bière est ici si subtile qu'elle est souvent une sérieuse alternative au vin.
Si le Vieux Lille (et notamment la **rue de Gand**) concentre un maximum de restaurants, les autres quartiers accueillent aussi des établissements intéressants. Pensez à réserver car, au moindre rayon de soleil, les Lillois sortent massivement.
Consultez également nos adresses « Prendre un verre » p. 80 : certaines conviennent aussi très bien pour un repas (le déjeuner en général).

Repérez les adresses sur les plans grâce aux pastilles numérotées (ex. 1) et aux coordonnées en rouge (ex. C2).

LILLE CENTRE

Moins de 15 €

58 **Chez Léontine** – ***E6*** - *217 r. Solférino - Ⓜ République-Beaux-Arts - ✆ 03 20 51 99 41 - mar.-vend. 12h-18h, sam. 11h-18h30, dim. 11h-15h - carte 10,50/12 €.* Un salon de thé, ouvert au déjeuner, où l'on mange sain : le thé, le café et la bière et d'autres produits sont bio, un des deux plats du jour est végétarien et parmi la copieuse carte de desserts, l'un au moins est sans gluten. Déco hétéroclite de meubles de récup'. Brunch samedi et dimanche *(22 €).*

34 **Handshake coffee** – ***plan p. 14*** - *16 r. du Vert Bois - Ⓜ Rihour - ✆ 03 20 87 07 63 - mar., jeu., vend. 10h30-14h30, merc. 10h30-17h30 - sam. 10h-18h30 - carte 11,50/12,50 €.* Proche du square Foch, ce petit restaurant propose une cuisine simple, efficace et délicieuse. Chaque midi, deux plats sont à la carte dont un vegan. Curry, velouté, burger, gratin, samosas, dhal, il y en a pour tous les goûts. Les pâtisseries et le brunch du samedi sont tout aussi succulents.

5 **Le Britney** – ***E6*** - *21 bd Jean-Baptiste Lebas - Ⓜ Lille Grand-Palais - ✆ 07 69 90 46 03 - lun.-jeu. 12h-0h, vend.-sam. 12h-2h - carte 3/16 €.* Un nom iconique pour un lieu qui vogue entre minimalisme et convivialité, passé et futur, un bar où l'on mange, un restaurant où l'on s'accoude. Dans l'assiette, le poulpe mariné, le kebab d'effiloché d'agneau, le chou-fleur rôti et crumble de parmesan sont les titres phares de la maison, mais la cuisine a plusieurs fréquences. Carte courte le midi, plats partagés le soir, la qualité, elle, ne saute pas, du salé au

sucré. Bières artisanales, vins bio et natures rafraîchissent les soirées de ce chouette « bistrot du futur ».

❤ 2 **Michel** – ***E5*** *- 167 r. Pierre-Mauroy - Ⓜ Mairie-de-Lille - ☏ 06 60 19 18 48 - www.michelrestaurant.fr - mar.-sam. 12h-14h, jeu.-sam. 19h-23h - carte 9/17 €.* Un papy libanais, amoureux des bons produits et du partage, a donné son nom à cette jolie adresse qui vous emmène au Levant à travers une cuisine ensoleillée confectionnée avec des produits bio et majoritairement locaux. Les réjouissances sont nombreuses, mezzé carné ou végétarien, shawarma, falafel, houmous, labneh (fromage frais) à l'ail. Ambiance conviviale et service agréable.

60 **Coffee Makers** – ***E5*** *- 151 r. Pierre-Mauroy - Ⓜ Mairie de Lille - ☏ 09 73 55 93 60 - www.coffeemakers.fr - 9h-18h, sam. 9h30-18h (brunch 15 €), dim. 14h-18h - carte 5,90/8,50 €.* Idéal pour prendre un petit-déjeuner, faire une pause sucrée ou salée en journée, dans l'atmosphère calme et cosy d'une petite salle lumineuse. Pour le déjeuner, vous choisirez entre la tarte du jour, une salade composée ou des sandwichs bien frais aux saveurs originales accompagnés d'une salade ou d'un délicieux gâteau. Le tout est concocté maison, y compris le café, torréfié sur place.

42 **La Ducasse** – ***D5*** *- 95 r. Solférino - Ⓜ République-Beaux-Arts - ☏ 03 20 57 34 10 - www.laducasse.fr - lun.-sam. 12h-14h, lun.-jeu. 19h30-22h30, vend.-sam. 19h30-23h30 - carte 13,50/20 €.* Bien plus qu'un estaminet classique, un vrai restaurant du Nord et d'ailleurs. On y retrouve la flamiche au maroilles, le potjevleesch et bien d'autres plats de brasserie, tous préparés avec soin (la carte change tous les 15 jours).

1 **L'Idiot** – ***E5*** *- 23 r. de l'Hôpital-Militaire - Ⓜ République-Beaux-Arts - ☏ 03 20 49 70 84 - midi uniquement 12/14,50 €.* *p. 96.*

De 15 à 30 €

75 **La Clairière** – ***plan p. 14*** *- 75 bd de la Liberté - Ⓜ République-Beaux-Arts - ☏ 03 20 11 23 16 - mar.-merc. 12h-14h30, jeu.-sam. 12h-14h30, 19h30-22h, dim. 11h-14h - formules 16/20 €.* Du butternut farci au rôti de seitan en passant par le green bowl et les burgers, les plats de ce restaurant vegan sont copieux sans oublier d'être bons. Les produits sont bio et locaux. Le bois et les nombreuses plantes qui occupent l'espace offrent une atmosphère chaleureuse, reposante, et le service est souriant et efficace. L'établissement étant *dog friendly*, ne vous étonnez pas d'y voir des chiens se pavaner en toute quiétude.

37 **Brasserie La Chicorée** – ***plan p. 14*** *- 15 pl. Rihour - ☏ 03 20 54 81 52 - www.restaurantsdelille.com - lun.-vend. 7h-4h30, w.-end 7h-6h - carte 12,90/19 €, menus 15,90/27 €.* Une petite faim à pas d'heure ? Une seule adresse où les spécialités flamandes (carbonade, welsh) se dégustent avec une des onze bières servies à la pression. Un lieu clé de la vie nocturne lilloise.

51 **Le Melting Pot** – ***plan p. 14*** *- 3 r. Anatole-France - près de l'Opéra - ☏ 03 20 06 33 99 - www.meltingpot*

restaurant.fr - fermé dim. - formule du midi 17 €, soir menu unique 30 €. Un nom fort bien trouvé pour ce restaurant idéalement situé à côté de l'Opéra. Dans un cadre feutré, aux douces couleurs vert amande et sable, une cuisine savoureuse et métissée revisitant les cuisines du monde, de la Méditerranée (moussaka de chèvre chaud) au Japon (poulet yakitori), en passant par les tropiques (nems de banane plantain) ou l'Inde (velouté curry-coco). Carte des vins français et internationaux. Terrasse aux beaux jours. Réservation conseillée le soir.

66 **Estaminet Gantois** - ***E5*** - *232 r. Pierre-Mauroy - Ⓜ Mairie de Lille - ✆ 03 20 85 30 30 - www.hotelhermitagegantois.com - tlj 12h-14h30, 19h-22h30 - carte 14,50/24,10 €.* Pour goûter au luxe de l'Hermitage Gantois tout en dégustant des spécialités locales. Cet estaminet respecte la tradition culinaire en y apportant une note de chic. Plus décontracté et plus accessible que le restaurant gastronomique de l'hôtel. Très couru par les locaux.

43 **Le Souk** - ***D6*** - *27 pl. Sébastopol - Ⓜ République-Beaux-Arts - ✆ 03 28 07 93 95 - www.lesouklille.fr - mar.-sam. 12h-14h30, 19h-23h, dim. 12h-15h - carte 13/23 €.* Face au théâtre Sébastopol, on se régale de plats emblématiques de la cuisine marocaine (pastillas, tagines, couscous), parfois légèrement revisitée. Joli décor alliant modernité et touches d'artisanat marocain. Quelques produits sont en vente sur les étagères (épicerie, vins, bières, produits de beauté, poterie de Safi).

46 **L'Gaïette** - ***D5*** - *30 r. Masséna - Ⓜ République-Beaux-Arts - ✆ 03 20 54 81 88 - www.lgaiette.fr - fermé dim. midi - menu 24,50 €.* Son welsh, ses frites fraîches et faites maison ont très bonne presse. Grand choix de bières locales et artisanales.

Plus de 30 €

31 **Jour de Pêche** - ***plan p. 14*** - *2 r. du Pas - ✆ 03 20 57 60 59 - jourdepeche.fr - tlj midi et soir - formule déj. 19,80 € - formule dîner 39,50/54,50 € (vin compris).* En centre-ville, un sympathique restaurant à l'atmosphère intime et cosy (chaises de bistrot, banquettes en laine, etc.). Comme on l'imagine, le poisson est à l'honneur, décliné à travers une courte carte et des menus surprises... Les irréductibles carnivores trouveront aussi de la viande à leur goût ! Décor marin soigné.

50 **Brasserie André** - ***E5*** - *71 r. de Béthune - Ⓜ République-Beaux-Arts - ✆ 03 20 54 75 51 - www.brasserieandre.fr - 11h30-23h (sam.-dim. 23h30)- carte 30/35 €.* Leurs frites seraient les meilleures de Lille ! Mais on y déguste aussi du filet américain, du welsh rarebit, de la choucroute... Une référence depuis 1924.

LE VIEUX LILLE

Moins de 15 €

63 **La Bottega** - ***plan p. 14*** - *8 bis r. au Péterinck - ✆ 03 20 74 33 12 - www.la-bottega.com - lun.-jeu. 12h-14h, 19h-22h, vend. 12h-14h, 19h-22h30,*

sam. 12h-15h, 19h-22h30, dim. 12h-14h30, 19h-22h - carte 9,50/15,50 €. Une pizzeria, certes, mais une vraie ! Les pizzas blanches (à base de mozzarella et sans sauce tomate) sont excellentes. Sur le trottoir d'en face, l'épicerie italienne.

❤ 74 **Papà Raffaele** – ***plan p. 14*** - *5 r. St-Jacques - lun.-jeu. 12h-14h, 19h-22h, vend. 12h-14h, 19h-23h30, sam. 12h-15h30, 18h30-23h30, dim. 12h-14h30, 19h-22h- carte 7/14 €.* Un petit coin de Naples très couru au cœur du Vieux Lille pour savourer une pizza à la pâte artisanale et légère cuite au feu de bois et tapissée d'ingrédients gorgés de saveurs de la Campanie. On peut s'installer sur le long comptoir face au pizzaïolo. Ambiance animée. Le lieu ne prend pas les réservations.

57 **L'Arrière-Pays** – ***plan p. 14*** - *47 r. Basse - ✆ 03 20 13 80 07 - www.arriere-pays.com - tlj non-stop, dim. 22h, lun.-jeu. 22h30, vend.-sam. 23h30- formules 10,40/12,90 €.* Vaste restaurant/salon de thé sur trois niveaux très prisé des Lillois pour sa cuisine simple et variée faite de tartines, salades, burgers... Brunch réputé. Ambiance jeune, chaleureuse et vivante.

De 15 à 30 €

47 **Le Barbier qui fume** – ***plan p. 14*** - *69 r. de la Monnaie - ✆ 03 20 06 99 35 - www.lebarbierquifume.com - lun.-vend. 10h30-15h et 18h-0h, sam. 10h30-1h, dim. 10h-18h - carte 14,90/32 €.* En entrant, c'est une boucherie-charcuterie que vous avez sous les yeux avec des produits alléchants. Vous vous installerez ensuite dans l'une des salles du rez-de-chaussée ou de l'étage qui invitent à s'attarder. Ici, tout est cuisiné sur place et l'on sert des viandes fumées et des spécialités flamandes, pouvant être accompagnées des Mousses du Barbier (bière artisanale blonde, blanche et triple). Un régal !

3 **Paddo Café** – ***plan p. 14*** - *19 r. du Cirque - mar.-dim. 8h-18h - 15/25 €.* Un petit air de Sydney flotte devant la Treille, profitez du « all day menu » de ce café australien pour soulager une fringale à toute heure. Le fameux *bacon and egg roll*, les *toasties* au bœuf ou les *avocado toasts* et salades composées agissent efficacement contre la faim. Les cafés, issus du torréfacteur Allpress (Nouvelle-Zélande), sont délicieux.

76 **La Connivence** – ***E3*** - *32 r. de Gand - ✆ 03 20 31 75 41 - www.instantsgourmands-connivence.com - lun.-vend. 12h-14h30, 18h-23h, sam. 12h-15h, 18h-00h, dim. 12h-15h, 18h-22h - carte 13,90/22,90 €.* Dans un beau décor d'esprit loft, avec briques apparentes aux murs, cette grande brasserie propose une carte équilibrée entre la cuisine traditionnelle française et régionale. Du welsh au steak-frites, tout est d'excellente tenue. L'établissement a aussi l'avantage d'être ouvert le dimanche soir.

30 **Chez la Vieille** – ***E3*** - *60 r. de Gand - ✆ 03 28 36 40 06 - www.estaminetlille.fr - fermé dim. et lun. midi - formule déj. 12,50 €.* Carbonnade, potjevleesch, poulet au maroilles, puis dessert au carambar s'invitent au menu de cet estaminet de pure tradition flamande. Bières locales dont l'Angelus, brassée à Lille. Bric-à-brac amusant composé de vieux

jeux et autres objets anciens. On dîne à la bougie. Réservation fortement conseillée. Autres adresses de la maison : Au Vieux de la Vieille (2 r. des Vieux-Murs), L'Estaminet du Welsh (45 r. de Gand) et La Vieille France (51 r. de Gand), juste en face.

77 **L'Assiette du Marché** – ***plan p. 14*** - *61 r. de la Monnaie - ✆ 03 20 06 83 61 - www.assiettedumarche.com - lun.-jeu. 12h-14h30, 19h-22h30, vend.-sam. 12h-14h30, 19h-23h - fermé dim. - formule déj. 13,50/25 €.* Le décor contemporain et une verrière coiffant la cour intérieure mettent en valeur l'ancien hôtel des Monnaies (18e s.). L'assiette se garnit en fonction du marché. Par exemple, morue rôtie à peine salée, accompagnée d'une riste d'aubergines du pays d'Arles ou une épaule d'agneau de sept heures.

Plus de 30 €

35 **Le Barbue d'Anvers** – ***plan p. 14*** - *1 bis r. St-Étienne - ✆ 03 20 55 11 68 - www.lebarbuedanvers.fr - lun.-vend. 12h-14h30, 19h-22h30, sam. 12h-15h, 18h-23h - carte 15/28 €.* Estaminet chic qui propose la traditionnelle cuisine flamande, légèrement revisitée et quelques plats de brasserie. Grand choix de bières du Nord ou de Belgique. Bâtiment rustique donnant sur une jolie courette.

39 **Au Goût du Jour** – ***plan p. 14*** - *22 r. de la Barre - ✆ 03 20 51 23 45 - www.augoutdujour.eu - mar.-sam. 12h-13h30, 20h-21h30, dim. 12h-13h30 - fermé lun. - formule déj. 19,50 €, menu 36,50/50 €.* Promesse tenue : ici, la gastronomie est vraiment sans complexe et accessible. Carte raffinée, inventive et riche en surprises. Réservez, c'est toujours plein !

❤ 44 **Bloempot** – ***plan p. 14*** - *22 r. des Bouchers - pas de tél. - www.bloempot.fr - fermé dim.-lun. - menus 40/90 € - réserv. indispensable.* Florent Ladeyn, ex-Top Chef, dont l'Auberge du Vert Mont, à Boeschepe, et le Bierbuik/Bloemeke à Lille rendent un si bel hommage au terroir régional, nous réjouit avec cette « cantine flamande » revendiquée. Décor atypique (un ancien atelier de menuiserie), bons produits nature et recettes originales : rafraîchissant !

73 **Brasserie Coke** – ***plan p. 14*** - *30 r. Thiers- ✆ 03 20 20 20 20 - www.brasseriecokelille.fr - lun.-sam. - formule midi 32 €, soir 49 €.* Installée au 1er étage *(ascenseur)* d'un immeuble néoclassique impressionnant, cette brasserie profite d'une superbe salle lumineuse et haute de plafond, au parquet ancien et mobilier design. On y déguste une cuisine de marché léchée, dans une ambiance feutrée et très pro : carpaccio de saint-jacques à la truffe, fondant chocolat et crème de noisettes...

❤ 4 **Gabbro** – ***D2*** - *55 r. St-André - ✆ 03 20 39 05 51 - lun. 12h-14h, mar.-vend. 12h-14h, 20h-22h - carte 30/42 €.* Une petite salle conviviale, un accueil chaleureux, une envie manifeste de partager... mais surtout, une cuisine fidèle au marché, goûteuse et gourmande, avec une spécialité : la terrine de foie selon la recette du grand-père du chef. Voici les ingrédients du succès de ce Gabbro lillois, qui n'en finit pas de faire parler de lui.

VAUBAN – CITADELLE

De 15 à 30 €

59 **Il Bastione** – **C4** - *1 bd Vauban - Ⓜ République-Beaux-Arts - ✆ 03 20 85 88 53 - www.il-bastione.com - lun. 12h-14h, mar.-jeu. 12h-14h, 19h-22h, vend. 12h-14h30, 19h-22h30, sam. 12h-14h, 19h-22h30 - carte 12/21 €.* Pour se requinquer après une belle balade dans le parc de la Citadelle. Élégante bottega, Le Bastion mitonne une cuisine italienne de qualité dont de goûteuses pâtes fraîches. Côté sucré, pannacotta, tiramisu et tarte au citron.

Plus de 30 €

7 **SOlange** – **B7** - *59 r. d'Isly - Ⓜ Cormontaigne - ✆ 09 86 37 22 50 - www.solange-restaurant.fr - mar.-sam. 12h-14h, 19h30-21h30 - 28/37 €.* Du caractère ! Le chef qui dresse les assiettes n'en manque pas : calme et concentré, il délivre une partition précise où poivres et piments viennent taquiner des produits d'une qualité irréprochable (maigre, veau), traités avec soin. Le rapport qualité-prix est simplement époustouflant. De la très belle bistronomie.

WAZEMMES

Moins de 15 €

79 **Halles de Wazemmes** – **C6** - *Pl. de la Nouvelle-Aventure - Ⓜ Gambetta ou Wazemmes - www.halles-wazemmes.com - mar.-sam. 8h-20h, dim. 8h-15h -* *p. 42.* Le marché couvert de style Baltard abrite une vingtaine de commercants et plusieurs espaces restauration de qualité, aménagés en comptoirs ou avec quelques tables. De quoi ravir tous les goûts : cuisine thaï aux **Douceurs de Phuket**, délicieux canard sous forme de tartare, hamburger, croquette ou la classique cuisse confite au **Canard Street** *(✆ 03 20 51 26 06 - www.canard-street.fr - menu 12 €)*. Tartines salées ou sucrées à l'**Épicerie Équitable** *(✆ 03 20 51 21 46 - www.epicerie-equitable.com)* ou encore pizzas artisanales chez **Molto** *(✆ 07 83 90 80 60)* et tacos/empanadas chez **Mestizo** *(✆ 03 20 46 39 63)*. Et les amateurs de glaces pourront aller chercher leur dessert chez l'artisan glacier du Nord **Ruiz**, qui a un camion au marché *(www.glacesruiz.com)*.

EURALILLE

De 15 à 30 €

6 **Mama Shelter** – **F4** - *97 pl. St-Hubert - Ⓜ Lille-Flandres ou Lille-Europe - ✆ 03 59 82 72 72 - www.mamashelter.com/fr/lille - 6h30-23h (vend.-sam. 0h) - carte 13/35 € - ch. 110/160 €.* L'enseigne de la famille Trigano compte désormais un restaurant-hôtel à Lille, en face des tours d'Euralille. Dès l'entrée, on foule le *Highway to moules frites*, un tapis faisant honneur à la spécialité locale. Puis on se laisse impressionner par le plafond bariolé dessiné à la craie par l'artiste Beniloys. La cuisine – généreuse – prend elle aussi des accents locaux (welsh, carbonnade, gaufres lilloises) tout comme certains cocktails à base de genièvre de Loos et de picon. Live DJ du jeudi au samedi soir, concert et brunch le dimanche.

G. Soularue/hemis.fr

Le restaurant Bloempot et son décor industriel.

ROUBAIX

De 15 à 30 €

❤ (69) **Baraka** – ***plan p. 53 A2*** - *20 r. de Sébastopol - Ⓜ Roubaix-Grand'Place - ✆ 03 20 65 74 14 - www.cooperativebaraka.fr - lun.-vend. 12h-15h, vend. soir si événement - fermé le w.-end et 2 sem. en août - plat 8 € - réserv. recommandée.* À 10mn à pied de La Piscine, installez-vous dans une ambiance conviviale, pour déguster des plats savoureux confectionnés à base de produits locaux et en grande partie bio. Deux plats végétariens et deux plats carnés sont chaque jour à la carte de cette « cantine » établie sur deux étages. Aménagé dans un bâtiment écologique, ce lieu coopératif original est l'aboutissement d'une belle aventure collective. En face, un ancien parking a été transformé en jardin-potager, prémisse d'une ferme urbaine.

Restaurant de La Piscine – *Au sein du musée -* *p. 85.*

TOURCOING

Moins de 15 €

❤ **Le Chamalo** – *7 r. de Lille - ✆ 03 20 27 77 30 - www.lechamalo.com - mar., jeu. et vend. 12h-14h, merc. et sam. 12h-18h, dim. 11h30-14h30 - formules 8,50/12 € - brunch dim. 20 €*

(enf. 14 €). Tout près de l'IMA dans une rue piétonne très centrale, voici une chaleureuse « cantine » de quartier, un paradis pour les familles avec sa salle de jeux pour tous les âges, sa petite cour, son salon à l'étage et son joli et joyeux décor de bric et de broc. Bonne petite restauration maison : quiches, salades, croques, soupes, jus de fruits pressés, confitures artisanales, etc.

De 15 à 30 €

Le Festival – *21 r. Nationale - Ⓜ Colbert - ✆ 03 20 36 90 81 - www.restaurantlefestival.com - fermé dim.-lun. - formule déj. 18/22 € - carte 14/21 €.* Installé dans le centre-ville à côté de la mairie dans un décor contemporain, Le Festival propose des recettes légères et inventives à base de produits méditerranéens. Le résultat est réussi.

Le Paradoxe – *3 r. d'Havré - Ⓜ Tourcoing-Centre - ✆ 03 20 28 57 53 - www.paradoxerestaurant.com - 12h-14h, 19h30-22h (vend.-sam. 23h) - fermé dim. soir et lun. - carte 13/17 €, menus 26/35 €.* Au cœur de l'ancien hospice d'Havré, dans un décor romantique et moderne, est servie une cuisine flamande revisitée. Le ris de veau au whisky côtoie le waterzooi de st-jacques aux crevettes grises. Grand choix de desserts.

VILLENEUVE D'ASCQ

Plus de 30 €

67 **Bistro Iodé** – **plan p. 61** - *73 av. de Flandres - Ⓜ Wasquehal-Pavé-de-Lille/Jean-Jaurès - ✆ 03 62 10 30 45 - www.lebistrotiode.fr - mar.-sam. 12h-13h45, jeu.-sam. 19h30-21h30 - formule midi 18 €, menu du soir 35 €.* Au sein d'une salle élégante où poulpes et méduses couvrent le bleu profond des murs, on déguste une cuisine marine inspirée. Quelques plats de viande également. Ambiance agréable et service souriant.

MARCQ-EN-BARŒUL

Plus de 30 €

La Salle à Manger – *287 bd Clémenceau - Tram Clemenceau-Hippodrome - ✆ 03 20 65 21 19 - www.restaurant-lasalleamanger.fr - mar.-vend. midi et jeu.-sam. soir - menu déj. 28/52 € - menu soir 42/68 €.* Un jeune couple charmant vous reçoit dans cette Salle à Manger à l'atmosphère tamisée, à la fois intime et conviviale. L'ardoise ? Courte, très appétissante et toujours en mouvement, car le chef cuisine en fonction du marché et de ses envies !

Prendre un verre

Les Lillois aiment sortir et ils ont l'embarras du choix pour aller boire un thé, une bière ou un verre de vin. Dans le **Vieux Lille** sont regroupés les établissements les plus branchés et élégants, que vous trouverez aussi **rue Solférino** ou **rue Masséna** : les étudiants s'y rejoignent massivement à partir du jeudi soir et ce, jusque très tard dans la nuit ! Dans le quartier **St-Sauveur**, le boulevard Jean-Baptiste-Lebas autour du parc éponyme et de l'ancienne gare, accueillent de multiples cafés et bars. Enfin, le quartier plus populaire de **Wazemmes** regorge de cafés au charme suranné et authentique, particulièrement prisés le dimanche matin, jour du marché.

Jetez un coup d'œil à notre rubrique « Sortir » *(p. 95)* et aux horaires d'ouverture de certaines adresses du soir qui peuvent se révéler très agréables en journée.

Repérez les adresses sur les plans grâce aux pastilles numérotées (ex. 1) et aux coordonnées en rouge (ex. C2).

LILLE CENTRE

1 Pâtisserie Méert – ***plan p. 14*** - *27 r. Esquermoise - Ⓜ Rihour - ☎ 03 20 55 00 10 - www.meert.fr - lun. 14h-19h, mar.-vend. 9h30-19h30, sam. 9h-22h, dim. 9h-13h, 15h-19h - ✕ (☎ 03 20 57 93 93) mar.-sam. 12h-14h30, 19h30-22h, dim. 11h-14h (brunch).* La célèbre pâtisserie cache, dans ses murs aux décors opulents, un salon de thé très prisé. Thés Mariage et gaufres maison à la vanille, au rhum ou à la pistache à déguster au milieu des moulures dorées et avec un service à la hauteur de la réputation de la maison.

2 Méo – ***plan p. 14*** - *5 pl. du Gén.-de-Gaulle - Ⓜ Rihour - ☎ 03 20 57 34 54 - www.meo.fr - 8h-19h - fermé dim. et j. fériés.* Un salon dégustation dédié aux cafés Méo. Prenez le temps de découvrir plus d'une dizaine de cafés d'origine variée, des thés ou chocolats chauds en terrasse ou à l'étage, dominant la Grand'Place.

3 Au Moulin d'Or (Chez Morel) – ***plan p. 14*** - *31-33 pl. du Théâtre - Ⓜ Rihour - ☎ 03 20 55 00 10 - lun.-vend. 10h-22h30, sam. 10h-23h.* Cette enseigne chic a gardé la décoration de l'ancienne bonneterie quand elle s'est transformée en café. Une scène de *Bienvenue chez les Ch'tis* y a été tournée. Sur sa façade, des boulets autrichiens témoignent de la résistance lilloise de 1792 et font encore la fierté de la ville. Petite restauration régionale le midi, planches et tartines en service continu à partir de 15h. Une institution !

14 Les 3 Brasseurs – ***E4*** - *22 pl. de la Gare - Ⓜ Gare Lille-Flandres - ☎ 03 20 06 46 25 - www.les3brasseurs.com - ♿ - vend.-sam. 11h30-0h30, dim. 12h-23h - ☕ sem. 8h, ✕ lun.-jeu. 11h30-23h.* Une odeur de houblon accueille le visiteur dans cette véritable institution lilloise, fondée en 1928, qui tient à la fois du bistro et de la micro-brasserie. Vous pourrez y déguster les quatre variétés d'une bière pression tirée toute fraîche des cuves exposées derrière le comptoir. On y mange un peu aussi.

17 **L'Impertinente** – ***E6*** *- 9 bd. Papin - Ⓜ Lille Grand-Palais - ✆ 09 83 87 34 20 - www.limpertinente.fr - merc.-dim. 13h-18h30 - goûter 7/8 € (gâteau + boisson).* Cosy et pimpant salon de thé à l'accueil chaleureux pour savourer un « gâtal » maison accompagné d'un thé ou d'un café. Jus de fruits artisanaux et vin de producteurs également à la carte.

❤ 21 **Le ICI** – ***D5*** *- 10 r. Inkermann - Ⓜ République-Beaux-Arts - ✆ 09 86 25 62 17 - www.le-ici.com - mar.-jeu. 12h-14h30, 17h30-0h, vend. 12h-14h30, 17h30-1h, sam. 12h15-14h30, 17h30-2h.* Des événements sont régulièrement programmés (concerts, expos) dans ce bar de quartier joli et accueillant. Il propose aussi une bonne restauration maison pour un prix modéré. La carte, qui varie chaque semaine, affiche 2 entrées, 3 plats (dont un végétarien et un à base de poisson) et 2 ou 3 desserts.

20 **Mousse Touch'** – ***E6*** *- 19 bd Jean-Baptiste-Lebas (juste à droite de la gare St-Sauveur) - Ⓜ Lille Grand-Palais - ✆ 03 20 60 66 50 - lun.-jeu. 16h-0h, vend. 16h-1h, sam. 14h-2h, dim. 14h-1h.* Pour savourer une p'tite mousse comme il se doit mais pas n'importe laquelle : douce, artisanale et locale, microbrassée sur place dans les belles cuves au fond de la salle, ou, en bouteille, piochée dans la bièrothèque. Laissez-vous guider, la bière est ici une affaire de famille et de passionnés ! Testez aussi quelques savoureux produits des Hauts-de-France (charcuteries, fromages, etc.). Ambiance conviviale, accueil souriant et joli cadre !

❤ 15 **Le Bistro de St-So** – ***F6*** *- Dans l'ancienne gare St-Sauveur, 25 bd Jean-Baptiste-Lebas - Ⓜ Lille Grand-Palais - ✆ 03 20 32 05 42 - ♿ - merc.-jeu. 11h30-23h, vend. 11h30-0h, sam. 11h30-1h, dim. 11h30-21h - fermé lun.-mar.* Traversez la grande cour, poussez la porte du bâtiment principal et vous pourrez boire une bière, un thé ou grignoter en plein cœur de ce lieu de culture et de rencontre qu'est devenue cette ancienne gare de marchandise. Entre une exposition et un cours de yoga ou encore à la sortie d'un concert, tout est fait pour se poser tranquillement et profiter de l'instant. C'est le paradis des familles, car les enfants ont un immense espace pour jouer dehors, y compris à l'intérieur (baby-foot, etc.). Bobo attitude le w.-end.

LE VIEUX LILLE

22 **Gelato & Coffee** – ***plan p. 14*** *- 27 r. Basse - ✆ 03 62 23 27 39 - www.gelatoandcoffee.com - été : lun.-vend. 11h-20h, sam. 11h-23h, dim. 12h-19h ; hiver : merc.-vend. et dim. 14h-19h, sam. 12h-19h.* Pour une pause gourmande : bonnes glaces artisanales, café, cappuccino et autres spécialités italiennes à déguster selon l'envie et la météo.

23 **L'Échiquier - Bar de l'hôtel Alliance** – ***D4*** *- 17 quai du Wault - ✆ 03 20 30 62 62 - www.alliance-lille.com - 11h-23h - pas d'animation*

musicale en juil.-août. Ce bar se trouve au sein de l'hôtel Alliance aménagé dans l'ancien couvent des Minimes. Ambiance feutrée et belle sélection de cocktails et de champagnes. Un pianiste s'y produit le soir du mardi au samedi et le dimanche après-midi.

❤ 19 **Clarance** – *plan p. 14 - 32 r. de la Barre - ✆ 03 59 36 35 59 - www.clarancehotel.com - fermé lun., sam. midi, dim. soir et 3 sem. en août - 19 ch. 200/450 € - ✕ mar.-vend. midi et soir, sam. soir et dim. midi - formule déj. 35/49 €, menus 85/105 €, dim. midi 59 €.* Le Clarance est un splendide hôtel particulier du 18e s. transformé en hôtel de luxe haut de gamme. À défaut d'y loger, venez faire une pause, en journée ou le soir, au salon de thé-bar. Installé dans le ravissant salon ouvert sur le petit jardin fleuri face à l'église Ste-Catherine, vous aurez tout le loisir d'admirer l'harmonieuse interaction entre l'architecture ancienne et les œuvres d'artistes contemporains.

4 **L'Imaginaire** – *plan p. 14 - 5 pl. Louise-de-Bettignies - ✆ 03 20 78 13 81 - ouv. tlj tte l'année - dim.-jeu. 11h-0h, vend. 11h-1h, sam. 11h-2h - ✕ le midi.* Ce bar traditionnel sans cachet, qui sert aussi des cocktails, dissimule une superbe terrasse abritée avec vue imprenable sur N.-D.-de-la-Treille. Ambiance jeune et d'habitués.

26 **Unami** – *plan p. 14 - 8 r. St-Jacques - ✆ 03 28 52 43 70 - www.unami-store.com - lun.-sam. 10h-19h - fermé 2 sem. en août.* Magasin de thé traditionnel tenu par des experts qui sauront vous aider à choisir parmi les nombreuses variétés. Vous pourrez déguster votre breuvage dans le salon adjacent, accompagné d'un en-cas sucré ou salé. Élégant et zen.

8 **La Part des Anges** – *plan p. 14 - 50 r. de la Monnaie - ✆ 03 20 06 44 01 - www.lapartdesangeslille.fr - lun.-jeu. et dim. 9h-0h, vend. 9h-1h, sam. 9h-2h.* Bar à vin historique qui s'est imposé comme incontournable dans la ville dédiée à la bière. Planches variées et copieuses accompagnent une large carte de vins.

9 **Le Parvis de la Treille** – *plan p. 14 - 26 r. Bartholomé-Masurel - ✆ 03 20 55 10 01 - www.leparvisdelatreille.fr - mar.-jeu. 9h-0h (vend. 1h, sam. 2h).* Face à N.-D.-de-la-Treille, ce bar de quartier dans son jus n'a pas succombé aux modes et semble inchangé depuis les années 1960, avec ses murs de brique et son grand miroir. Petite salle à l'ambiance très chaleureuse. Cuisine de bistrot légèrement réinventée, aux saveurs méditerranéennes. Couscous les mar., jeu. et sam. midi (et le soir sur réserv.).

11 **BD + Café** – *plan p. 14 - 5 r. Royale - ✆ 03 20 15 11 47 - www.canalbd.net/bd-cafe - mar.-vend. 11h-20h (sam. 21h) - fermé 15 juil.-15 août.* En plein cœur de l'animation du Vieux Lille, on peut déguster une bière ou un café tout en se régalant d'une des 2000 BD en vente ici, dont certaines d'occasion. Véritable temple lillois du 9e art, la librairie est bien sûr spécialisée en bande dessinée franco-belge, mais propose aussi des mangas et des comics. Large place aux éditeurs indépendants et aux figurines 3D. Café convivial.

5 **L'Illustration** – *plan p. 14 - 18 r. Royale - ✆ 03 20 12 00 90 - www.bar-lillustration.com - lun.-mar.*

Terrasse de restaurant dans le Vieux Lille.

12h-1h, merc. 12h30-1h, jeu.-vend. 12h-3h, sam. 14h30-3h, dim. 15h-1h. Petit bar convivial et tranquille datant du début du 20e s., fréquenté par des artistes (écrivains, peintres). Soirées littéraires, concerts, expositions et autres animations à thème pour une clientèle d'habitués.

28 **Bierbuik** – ***plan p. 14*** *- 19 r. Royale - www.bierbuik.fr - merc.-jeu. 12h-00h, vend. et dim. 12h-1h, sam. 12h-2h - snack 1,50/8 €, formule 25 €.* p. 98.

VAUBAN - CITADELLE

Bar

❤ 24 **La Guinguette de la Marine** – ***C4*** *- 8 av. Léon-Jouhaux - Ⓜ Port-de-Lille - 03 20 39 85 43 - mar.-jeu. et dim. 11h-0h, vend. 11h-1h, sam. 11h-2h - fermé lun. et entre Noël et jour de l'An.* Au bord de la Deûle, une vraie guinguette à l'ambiance joviale avec lampions et terrasse. Concert le dimanche soir. On peut aussi y manger des plats locaux et même y danser. Réserver par beau temps.

27 **Quartier Libre** – ***C2*** *- 1 allée des Marronniers (esplanade du Champ-de-Mars) - 03 68 38 02 03 - merc.-dim. 14h-19h - ouv. de mars à déc.* Un bar/coffee-shop demeurant dans un ancien cinéma militaire en briques, le long de la Deûle, face à la citadelle et équipé d'une immense terrasse ensoleillllée offre donc une belle occasion de prendre du bon temps.

WAZEMMES

25 **Café du Cheval Blanc** – ***C7*** *- 56 r. des Sarrazins - Ⓜ Wazemmes ou Gambetta - 03 20 40 65 41 - mar.-vend. 8h-15h (sur réserv. le soir), dim. 14h-20h (concerts tous les dim.) - fermé sam. et lun.* Un vrai café populaire dans son jus, qui mise sur les standards de la chanson française ou l'accordéon pour l'ambiance. Concerts tous les vendredis soir à 20h30. Bonne adresse pour les dimanches pluvieux.

12 **Les Tilleuls** – ***C6*** *- 32 r. St-Pierre-St-Paul - Ⓜ Gambetta - 03 20 54 49 67 - lun.-sam. 10h30-23h, dim. 7h30-18h.* Difficile de trouver une place au soleil le dimanche matin tant l'endroit est prisé à l'heure de l'apéro, à la fin du marché. Et pourtant, la terrasse est l'une des plus grandes de Lille !

13 **La Brûlerie** – ***C6*** *- 10 pl. de la Nouvelle-Aventure - Ⓜ Gambetta - 03 20 06 78 78 - mar., jeu. 8h-19h, merc., vend. 14h-19h, sam. 10h-19h, dim. 8h-14h30 - fermé lun.* Un endroit chaleureux pour venir déguster un bon thé et surtout un très bon café. La salle est spacieuse et, quand il fait beau, la petite terrasse qui donne directement sur la halle du marché est séduisante. On peut aussi s'y restaurer le midi : salades, bagels, desserts... mais c'est pour l'ambiance familiale qu'on aime fréquenter ce lieu.

EURALILLE

26 **BY'S** – ***F3*** *- r. de la Communauté (dans le jardin des Géants) - lun.-mar. 11h-22h, merc.-jeu. 11h-0h, vend. 11h-1h, sam. 14h-20h, dim. 11h-20h.* Dès les beaux jours, les Lillois profitent de la grande terrasse du BY'S nichée entre les serres verticales et les miroirs d'eau du jardin des Géants. Le bar

O. Leclercq/hemis.fr

Le bistrot de St-So, ancienne halle de la gare St-Sauveur.

distille des bières pression, mojito, Apérol spritz à prix doux lors de l'happy hour quotidien *(17h-19h30)*. Service de restauration décevant.

ROUBAIX

16 Café Meert – ***plan p. 53*** - *Au sein du musée La Piscine, 23 r. de l'Espérance - Ⓜ Gare-Jean-Lebas/Roubaix-Grand-Place - ✆ 03 20 01 84 21 - www.meert.fr - tlj sf lun. 12h-18h (vend. 20h).* Dans l'entrée du musée La Piscine, une antenne du célèbre pâtissier lillois Meert (*p. 88*). Petite restauration et salades raffinées le midi, salon de thé l'après-midi et leurs célèbres gaufres à toute heure. Salle joliment meublée et agréable terrasse.

TOURCOING

La Torrefactory – *23 Grand-Place - Ⓜ Tourcoing-Centre - ✆ 03 62 13 32 09 - lun.-sam. 8h-18h30 et certains dim. jusqu'à 13h.* *p. 94.*

Shopping

À partir de la Vieille Bourse commence le triangle d'or du shopping lillois. Entre le rang du Beauregard et la rue de la Monnaie, les grands noms de la mode succèdent aux orfèvres et aux bijoutiers, tandis que la rue de la Clef s'ouvre sur des territoires plus branchés. La rue Basse regroupe quant à elle un grand nombre d'antiquaires.

Repérez les adresses sur les plans grâce aux pastilles numérotées (ex. 1) et aux coordonnées en rouge (ex. C2).

Marchés

❤ 1 **Marché de Wazemmes** – **C6** - *Pl. de la Nouvelle-Aventure - Ⓜ Gambetta - marché extérieur : mar., jeu. et dim. 7h-14h - halles (marché couvert) : mar.-sam. 8h-20h, dim. 8h-15h (**p. 42**).*

2 **Marché de Sébastopol** – **D6** - *Pl. Sébastopol - Ⓜ République-Beaux-Arts - merc. et sam. 7h-14h.* Agréable petit marché.

3 **Marché du Vieux Lille** – **plan p. 14** - *Pl. du Concert - merc., vend. et dim. 7h-14h.* Marché alimentaire de producteurs régionaux.

4 **Marché aux livres anciens** – **plan p. 14** - *Cour intérieure de la Vieille Bourse - Ⓜ Gare Lille-Flandres/Rihour - mar.-dim. 15h-18h.* Véritable havre de paix en plein centre de Lille, le marché aux livres de la Vieille Bourse est le rendez-vous des amateurs de vieux livres et de cartes postales, ainsi que des joueurs d'échecs.

LILLE CENTRE

Librairie/culture

6 **Le Furet du Nord** – **plan p. 14** - *15 pl. du Gén.-de-Gaulle - ✆ 03 20 78 43 43 - www.furet.com - 9h30-19h30 - fermé dim.* Cette incontournable librairie lilloise, fondée en 1936, occupe plus de 7 000 m² répartis sur 9 niveaux : de quoi fureter quelques heures. Escaliers, passerelles et multiples couloirs vous conduiront à vos rayons favoris : livres, jeux, disques, vidéos, bandes dessinées, papeterie ou billetterie.

8 **Les Quatre Chemins** – **E5** - *142 r. Pierre-Mauroy - ✆ 03 20 39 95 65 - http://blog.librairielesquatrechemins.fr - lun.-sam. 11h-19h.* Mauvais genre, polar, science-fiction, conte et légende ou fantastique, cette libraire-café concentre la plus vaste offre de littérature d'évasion. Bon accueil. Rayon jeunesse sur les mêmes thèmes.

7 **Le Gallodrome** – **plan p. 14** - *17 r. de la Vieille-Comédie - ✆ 03 20 03 20 58 - www.legallodrome.com - lun.-vend. 10h30-19h, sam. 10h-19h - fermé dim.* La boutique porte le nom des arènes des combats de coqs très prisés dans la région. On y trouve des tee-shirts dessinés par des graphistes recrutés sur le Web à l'unique condition qu'ils réinterprètent un particularisme ou un cliché du Nord. Tous sont sérigraphiés à Wattrelos (à une vingtaine de km de Lille). Autre collection : « Paroles de ch'ti », en vente aussi à l'office de tourisme.

Gastronomie

11 Philippe Olivier – **plan p. 14** - *3 r. du Curé-St-Étienne - ✆ 03 20 74 96 99 - www.philippeolivier.fr - lun. 14h30-20h, mar.-vend. 10h-20h, sam. 8h30-20h.* C'est le plus ancien affineur et fromager de Lille, lui-même issu d'une longue lignée familiale basée à Boulogne-sur-Mer. On y trouve le plus grand choix de fromages régionaux de la ville avec environ 40 références (maroilles, pavé de Roubaix, boulette d'Avesnes...) sur les 300 qui embaument la petite boutique.

28 Quentin Bailly Chocolatier – **plan p. 14** - *65 r. des Arts - ✆ 03 20 31 50 12 - mar.-vend 9h30-19h, sam. 10h-19h.* Amoureux de chocolats et de gourmandises, ne manquez pas les ganaches, pralinés, tablettes et macarons de l'ex-champion du monde de pâtisserie. Les Briquettes du Nord, briques au chocolat au lait caramélisées au goût de speculoos sont un clin d'œil de l'artisan à sa région natale.

12 Au Chat Bleu – **plan p. 14** - *3 r. des Manneliers - ✆ 03 20 15 01 73 - lun.-sam. 10h-19h, dim. 11h-13h, 14h-18h30 - fermé 1er janv., 25 déc. et dim. en juil.* Est-ce la proximité de la Belgique ? En tout cas, Lille regorge de très bons chocolatiers. Celui-ci, originaire du Touquet depuis 1912, s'est fait une réputation qui dépasse la région. La spécialité : le célèbre « chat bleu », un feuilleté nougatine et praliné décliné en chocolat noir ou lait. Puis, la famille s'est agrandie avec les « souris » (praliné/pâte d'amande), les « dunes », les « oyais » et chaque année en avril, une nouveauté.

13 Chocolat de Beussent-Lachelle – **plan p. 14** - *6 r. Esquermoise - ✆ 03 20 42 97 42 - http://choco-france.com - lun. 14h-19h, mar. 10h-13h30, 14h-19h, merc.-sam. 10h-19h.* Ce chocolatier a pour particularité d'être propriétaire d'une plantation de cacao en Équateur et d'être ainsi le producteur-récoltant de ses fèves. Les plaques faites avec ce chocolat valent le détour.

Mode

10 Grand Playground – **plan p. 14** - *80 r. Pierre-Mauroy (dans la galerie des Tanneurs) - lun.-sam. 10h-19h30.* Ce concept store très tendance mêle avec brio mode, food, art et déco avec des marques présentes d'une manière plus ou moins éphémère. La programmation du lieu est par ailleurs riche de cours de yoga, vide-dressing, jeux-concours...

9 Slowmod – **plan p. 14** - *63 r. Pierre-Mauroy - mar.-sam. 11h-19h.* La sélection des vêtements opérée par Justine, la gérante de cette boutique de seconde main, permet de se passer du neuf tout en s'habillant avec les codes de la mode contemporaine. Femmes, hommes et enfants y trouvent leur bonheur ! Des ateliers de upcycling (récupérer les matériaux et les transformer), cours de couture et vide-dressing y sont régulièrement organisés.

Art

34 L'Illu – **E5** - *83 r. du Molinel - www.galerielillu.com - mar.-sam. 11h-19h.* Une galerie où l'on peut découvrir, admirer et acquérir des illustrations, dessins et sérigraphies d'artistes locaux à prix très abordables. Chic !

LE VIEUX LILLE

Gastronomie

17 **Pâtisserie Méert** – ***plan p. 14*** - *27 r. Esquermoise - ✆ 03 20 57 07 44 - www.meert.fr - lun. 14h-19h30, mar.-vend. 9h30-19h30, sam. 9h-19h30, dim. 9h-19h.* Cette pâtisserie-confiserie fondée en 1761 est une véritable institution. Miroirs, arabesques, moulures dorées et balcons ciselés : le superbe décor datant de 1839 est inscrit à l'Inventaire des monuments historiques. Ne ratez pas la spécialité maison : la fameuse gaufre fourrée à la vanille de Madagascar, dont la recette remonte à 1849. Salon de thé et restaurant (p. 80).

❤ 18 **Aux Merveilleux de Fred** – ***plan p. 14*** - *67 r. de la Monnaie - ✆ 03 20 51 99 59 - www.auxmerveilleux.com - 7h30-19h45, dim. 7h30-19h30 - fermé lun.* De la meringue, de la crème fouettée au chocolat, le tout roulé dans des copeaux de chocolat ; l'un blanc et l'autre noir... les Merveilleux et les Incroyables de Fred, que l'on trouve désormais de Londres à New York, sont nés à Lille. Ils sont à se damner ! Autres boutiques : Chez Méo (Grand'Place), à la gare Lille Flandres, à Wazemmes (336 r. Léon-Gambetta), etc.

21 **Alex Croquet** – ***plan p. 14*** - *66 r. Esquermoise - ✆ 03 20 31 89 36 - www.alexcroquet.fr - lun.-vend. 7h30-19h30, sam. 8h-19h30 - fermé dim. et j. fériés.* Alex Croquet se définit lui-même comme un fou de pain ! Pour fabriquer les siens, il a même construit une rivière artificielle qui purifie l'eau qu'il utilise ! Beau choix de pains bio ou à la farine blanche Label Rouge, façonnés à la main et sans aucun additif. Quelques pâtisseries aussi : des brioches, des cakes ou des tartes au sucre, un délice !

22 **L'Abbaye des Saveurs** – ***plan p. 14*** - *13 r. des Vieux-Murs - ✆ 03 28 07 70 06 - www.abbayedessaveurs.com - lun.-mar. 14h-19h, merc.-sam. 11h-19h, dim. 11h-13h30.* Bières régionales et belges, produits du terroir sucrés et salés, paniers garnis, verres et objets publicitaires : tout y est.

24 **Fromager Delassic** – ***plan p. 14*** - *11 pl. des Patiniers - ✆ 03 28 52 32 88 - www.fromage-delassic.fr - bar à fromages : mar.-sam. 12h-16h - crèmerie : lun. 14h30-19h30, mar.-sam. 10h-19h30.* Concept original de crèmerie-bar à fromages tenu par des jumeaux. 120 références affinées par leurs soins, dont le maroilles au lait cru, le sire de créquy (à la bière) ou l'écume de Wimereux, sont proposées à la vente ou à la dégustation (au 1er étage).

25 **Le Pain de nos Ancêtres** – ***plan p. 14*** - *26 r. des Bouchers - ✆ 03 20 54 02 14 - www.lepaindenosancetres.com - mar.-sam. 7h30-13h, 16h-19h, dim. 8h-13h - fermé lun. et 2 sem. en août.* Une boulangerie comme autrefois où le pain est à base de produits naturels, sans conservateur et cuit au feu de bois dans de vieux fours. Autres spécialités : l'tart'au sucre, l'tart' au maroilles ou l'tart' à la libouli (à la crème) et le pain d'épices maison. Un délice !

O. Leclercq/hemis.fr

La célèbre pâtisserie Méert.

26 Boulangerie-pâtisserie Valérie et Raphaël Brier – **plan p. 14** - *118 r. Esquermoise - 03 20 55 35 55 - lun.-vend. 7h-19h45, sam.7h30-19h30 - salon de thé 7h30-18h.* Cette belle boulangerie idéalement située est riche de très bonnes spécialités régionales : gaufres fourrées à la vanille maison, cramiques (brioches) au sucre, aux raisins ou aux pépites de chocolat exceptionnelles. Salon de thé attenant.

Librairie/culture

27 Rocambole – **plan p. 14** - *36 r. de la Clef - 03 20 55 67 01 - www.rocambole.fr - lun. 14h-19h, mar.-sam. 10h-12h30, 14h-19h.* Jeux de société, de rôles, de simulation, etc., vous trouverez tout ici, y compris des jeux anciens. Une référence.

Mode

29 La Botte Chantilly – **plan p. 14** - *12 r. Lepelletier - 03 20 55 46 41 - www.la-botte.com - lun.-sam. 10h-19h - fermé lun., 1er Mai, 25 déc. et 1er janv.* D'abord fabricant des bottes des officiers de cavalerie en garnison (depuis 1890) à Lille, ce magasin propose aujourd'hui plus de 200 marques de prestige de chaussures femmes, hommes et enfants.

30 Les Cousines de Léon – **plan p. 14** - *25 r. Royale - 03 20 78 71 11 - www.lescousinesdeleon.fr - mar., jeu.-sam. 11h-19h, merc. 13h-19h. - autre boutique : 14 r. des Trois-Mollettes.* Entrez chez les Cousines de Léon, vous aurez du mal à en sortir. C'est simple, on a envie de tout acheter ! Bijoux et accessoires originaux, sacs, vaisselle, objets déco, jouets, à partir de quelques euros... Ce joyeux bric-à-brac plaira aux enfants et aux mamans. Une jolie boutique *girly* parfaite pour faire des cadeaux, à soi et aux autres.

14 **Culture Denim** – ***plan p. 14*** - *4 r. des Trois-Mollettes - ✆ 09 51 02 63 21 - lun. 14h-19h, mar.-vend. 10h30-13h, 14h-19h, sam. 10h30-19h.* À la fois boutique et showroom pour homme, Culture Denim propose une mode combinant style et qualité avec des marques telles que Edwin, Knowledge Cotton Apparel, Rains, Redwing, Universal Works ou encore Patagonia. Incontournable.

16 **Julie Meuriss** – ***plan p. 14*** - *46 r. de la Clef - ✆ 06 64 14 21 87 - www.juliemeuriss.com - lun. 12h-19h, mar.-sam. 10h-19h.* L'élégance toute pétillante et un brin vintage des créations de la lilloise Julie Meuriss se dévoilent dans ses collections de sacs, de pochettes, de ceintures et de foulards. Les cuirs proviennent d'Espagne et d'Italie, les Liberty de Grande-Bretagne, les toiles de France, l'atelier se trouve à Lille, bref une marque audacieuse et responsable !

35 **Clivia Nobili** – ***D2*** - *40 bis r. St-André - ✆ 09 81 25 71 69 - www.clivianobili.com - mar.-sam. 11h-19h.* Le travail de Clivia Nobili est une ode aux « working-class heroes », ses vêtements mixtes explorent le monde du travail, témoignages des codes de la culture populaire du 20e s. Veste d'ouvrier, blouse de peintre, pantalon de travail sont réinterprétés avec des étoffes de qualité, les lignes sont simples et fonctionnelles, authentiques, à l'image de cette créatrice à l'esthétique forte.

Déco

1 **Little and Tall** – ***plan p. 14*** - *9 & 14 r. Bartholomé Masurel - ✆ 03 20 04 13 67 - www.littleandtall.fr - mar.-vend. 10h30-12h30, 13h30-19h, sam. 10h30-19h.* Un family concept store du plus bel acabit pour petits et grands qui mêle déco, mode, jouets, idées cadeaux. Au n° 9, on retrouve l'univers bébé et enfant et au n° 14 un espace dédié à la déco.

Artisanat

15 **Tremplin des Créateurs** – ***D2*** - *Pl. des Archives - certains dim. 9h-13h (se renseigner auprès de l'office de tourisme).* Artistes et artisans potiers, bijoutiers, peintres...

Galerie d'art

36 **Galerie Provost Hacker** – ***D2*** - *40 r. Voltaire (seconde galerie au 80 r. Royale) - ✆ 03 20 12 09 00 - www. galerie-provost-hacker.com - mar.-sam. 10h-12h, 14h-19h.* L'une des galeries phares de Lille, elle expose des artistes nationaux et internationaux dans les domaines de la photo, de l'art urbain, du dessin, de la peinture...

37 **Art to be Gallery** – ***D2*** - *44 r. St-André - ✆ 06 85 56 27 32 - www.arttobegallery.com - merc.-vend. 16h-19h, sam. 11h-19h, dim. 11h-13h.* Quand on pousse la porte de cette petite galerie du Vieux Lille, on peut croiser les œuvres d'Hervé di Rosa, Obey, Ernest Pignon-Ernest ou encore Skwak. Un lieu pour les curieux d'art urbain et contemporain.

WAZEMMES

Librairie/culture

38 Le Bateau Livre – **D6** - *154 r. Gambetta* - *Ⓜ Gambetta* - *03 20 78 16 30 - www.lebateaulivre.fr - lun. 14h-19h, mar.-sam. 10h-19h.* Depuis 1988, cette librairie de quartier propose un large panel de nouveautés en littérature, sciences humaines ou bandes dessinées et une programmation dense en rencontres et dédicaces. L'espace jeunesse est très riche.

Déco

39 El Market – **D5** - *128 r. Gambetta - Ⓜ Gambetta - 09 67 01 30 72 - mar.-sam. 10h-19h.* Cette boutique de commerce équitable chic et moderne propose des univers déco, mode et enfant. Les produits sont issus des filières solidaires et écologiques et mettent en valeur les savoir-faire d'ici et d'ailleurs.

Loisirs

28 La Lainière de Wazemmes – **C7** - *7 r. Jules-Guesde - Ⓜ Wazemmes - 03 20 51 39 98 - www.lalainieredewazemmes.com - mar.-sam. 10h-12h30, 14h-19h, dim. 10h-13h15.* Vous aurez vraiment l'embarras du choix dans cet accueillant magasin familial entièrement dédié à la pelote de laine. De plus, petits prix et conseils avisés. Une institution !

Gastronomie

1 Halles de Wazemmes – **C6** - *Pl. de la Nouvelle-Aventure - Ⓜ Gambetta ou Wazemmes - www.halles-wazemmes.com - mar.-sam. 8h-20h, dim. 8h-15h.* *p. 42.*

33 Les Bons Pâturages – **C6** - *345 r. Léon-Gambetta - Ⓜ Gambetta - 03 20 40 23 05 - www.mon-fromage.com - mar.-jeu. 9h-13h, 15h-19h30, vend. 9h-13h30, 14h30-19h30, sam. 9h-19h30, dim. 9h-13h30.* Large choix de fromages, affinés à proximité, charcuterie et quiches.

LILLE SUD

Mode

Maisons de Mode – ***Hors Plan*** - *58-60 r. du Faubourg-des-Postes - 03 20 99 91 20 - www.maisonsdemode.com - merc.-sam. 14h-19h.* Accessoires, bijoux et vêtements. Une quinzaine d'ateliers font écho au quartier des Créateurs de Roubaix (*p. 52*). De nombreux événements sont organisés toute l'année (vide-dressing, 48h Maisons de Mode, Marché des Modes, etc.) : programme sur le site Internet.

ROUBAIX

Librairie/culture

34 Autour des Mots – ***plan p. 53 A1*** - *1 pl. de la Gare - Ⓜ Gare-Jean-Lebas - 03 20 46 56 28 - www.autourdesmots.fr - mar.-sam. 10h-19h (jeu. 20h).* Un couple dynamique orchestre avec passion cette librairie installée face à la gare. On y trouve des ouvrages variés (littérature, art, albums jeunesse, BD...), mais aussi des livres liés à l'architecture, aux beaux-arts ou au tourisme de la région. Des événements sont régulièrement organisés (dédicaces, expositions, rencontres).

A. Kerkeni

Maisons de Mode.

Gastronomie

35 Carlier Vogliazzo – ***plan p. 53 A1*** - *110 r. de l'Alma - M Gare Jean-Lebas (un second magasin se situe au 381 r. Gambetta à Lille) - ✆ 03 20 70 64 43 - www.carliervogliazzo.com - lun. 10h-13h30, 15h-19h30, merc. vend. 9h-13h30, 15h-19h30, sam. 9h-19h30, dim. 9h-12h.* Depuis trois générations, la famille Carlier-Vogliazzo régale les Roubaisiens de saveurs méditérranéennes. En provenance d'Italie, d'Espagne, du Portugal ou de Grèce, les produits méridionaux sélectionnés sont de qualité. On s'applique à choisir la charcuterie, le fromage, les vins, les olives, les douceurs… qui nous font voyager.

Mode/artisanat

❤ **37 Le Grand Bassin** – ***plan p. 53 A1*** - *27 r. de l'Espérance - M Gare Jean-Lebas ou Roubaix Grand'Place - ✆ 06 35 29 77 80 - www.legrandbassin.fr - merc.-dim. 12h-19h.* Juste à côté de La Piscine, plongez dans Le Grand Bassin : un local indépendant présentant le travail d'une quarantaine de créateurs. Le lieu rassemble une multitude de créations en tout genre : textiles, bijoux, petit mobilier, céramiques, luminaires, maroquinerie, papeterie… De quoi pêcher des idées de cadeaux. Des expositions et des événements y sont régulièrement organisés.

(36) **Un Hibou dans la Tasse** – ***plan p. 53 A1*** - *7 r. du Chemin-de-Fer - Ⓜ Gare-Jean-Lebas ou Roubaix Grand'Place - ☎ 03 20 26 41 13 - www.ribout-ceramique.fr - mar.-sam. 10h-13h, 14h-18h, 1er dim. du mois 14h-18h.* Poussez la porte de cet atelier-boutique installé dans le quartier des Créateurs, tout près de La Piscine. Vous y découvrirez de jolies pièces en céramique confectionnées sur place : gobelets et bols aux délicats motifs d'inspiration japonaise ou décorés de petits poissons, tasses bleu lagon qui donne envie d'y plonger, saladiers, photophores, théières, etc.

(38) **McArthurGlen** – ***plan p. 53 B2*** - *44 r. Mail-de-Lannoy - Ⓜ Eurotéléport - ☎ 03 28 33 36 00 - www.mcarthurglen.com/fr/mcarthurglen-roubaix/fr/- lun.-sam. 10h-19h.* Adidas, Guy Degrenne, Courrèges, Maje et quelque 100 autres grandes marques proposent ici leurs dernières collections à prix soldés toute l'année. Un très bon plan.

TOURCOING

Brûlerie artisanale

La Torrefactory – *23 Grand'Place - Ⓜ Tourcoing-Centre - ☎ 03 62 13 32 09 - lun.-sam. 9h-18h30 et certains dim. jusqu'à 13h.* On est immédiatement conquis par la convivialité du lieu et par la bonne odeur de grain de café, torréfié sur place ! Les deux gérants ont à cœur de partager leur passion pour les cafés de terroir. Les rayons recèlent aussi de thés (40 variétés) et de produits gourmands de la région (fines gaufres artisanales, jus de pomme de vergers, confitures, etc.). Espace dégustation à l'étage et ateliers consacrés au café.

Déco

Matériaux Authentiques – *13 r. Michel Raillard - Tram Ma Campagne - ☎ 03 20 68 01 01 - www.materiaux-authentiques.com - 9h-12h30, 14h-18h.* Une adresse étonnante installée dans une ancienne usine où l'on découvre le charme d'objets anciens en tout genre et d'ambiances allant du bar vintage au salon chic et chaleureux. Et pourquoi pas, en guise de souvenir, s'offrir un carreau de ciment caractéristique de la région ?

WAMBRECHIES

Alcool

Distillerie Claeyssens – *1 r. de la Distillerie - ☎ 03 20 14 91 91 - www.wambrechies.com* - Tous les produits dérivés du genièvre. *p. 63.*

Sortir

Le journal *Sortir* (www.lille.sortir.eu et à l'office de tourisme), présente chaque semaine tous les concerts, manifestations et expositions organisés en ville.
Le semestriel *Rendez-Vous* (disponible gratuitement dans les offices de tourisme) recense les événements culturels majeurs de Lille et de sa métropole. Consultez également les événements organisés dans les maisons Folie (p. 116).
L'offre culturelle de la capitale des Flandres est au moins aussi intéressante que les nombreux endroits où vous pourrez boire un verre après le spectacle. Si l'ambiance du **Vieux Lille** reste festive mais intimiste, dans le quartier de l'université, les **rues Solférino** et **de Masséna** sont dès le jeudi soir le rendez-vous des noctambules et des étudiants.
Jetez un coup d'œil à notre rubrique « Prendre un verre » (p. 80), on y trouve également de belles adresses pour l'apéro et la soirée.

Repérez les adresses sur les plans grâce aux pastilles numérotées (ex. 1) et aux coordonnées en rouge (ex. C2).

LILLE CENTRE

Concert

1 Orchestre national de Lille - **plan p. 14** - *3 pl. Mendès-France - www.onlille.com - spectacles 5/68 €.* Grand répertoire, créations, spectacles destinés au jeune public, interprètes confirmés et talents en herbe traduisent la politique artistique de la maison dirigée par Alexandre Bloch : « Porter la musique partout où elle peut être reçue. » La salle du Nouveau Siècle, rénovée en 2016, offre une acoustique remarquable.

Opéra

❤ **2 Opéra de Lille** - **plan p. 14** - *2 r. des Bons-Enfants - ✆ 03 62 21 21 21 - www.opera-lille.fr - ♿ - 5/72 €.* Temple de l'art lyrique lillois, l'Opéra propose une programmation allant des chefs-d'œuvre classiques à la musique baroque ou la danse contemporaine. Chaque mercredi est proposé un concert à 18h pour 10 €. Le programme Happy Day propose, pendant les spectacles du samedi et du dimanche après-midi, des animations musicales et ludiques pour vos enfants *(entrée libre, à partir de 8 ans).*

Théâtre

4 Théâtre du Nord - **plan p. 14** - *4 pl. du Gén.-de-Gaulle - Ⓜ Rihour - ✆ 03 20 14 24 24 - www.theatredunord.fr - ✂ mar.-sam. 11h30-19h (et pendant 1h après chaque représentation).* Trois salles, deux en plein cœur de Lille et une à Tourcoing, pour une programmation qui mixe théâtre classique et contemporain. Le directeur, Christophe Rauck, poursuit la politique de création et de diffusion de spectacles.

Bar

5 La Ressourcerie - **plan p. 14** - *73 r. de l'Hôpital-Militaire - ☎ 09 66 98 88 53 - lun. 11h45-14h, mar.-jeu. 11h45-14h, 17h-0h, vend. 11h45-14h, 17h-1h, sam. 16h-2h - ✕ lun.-vend. (midi) 9,90/12,50 €.* Voici une belle adresse : un bar solidaire, participatif et culturel qui met en avant des jeunes talents de la région. L'occasion de faire d'intéressantes découvertes régulièrement renouvelées (photos, bijoux, tableaux, musiques, films...) et de soutenir les artistes puisque 5 % de vos consommations sont reversés au porteur de projet du moment. Profitez de ce lieu pour le déjeuner, le goûter (délicieux gâteaux maison) et/ou l'apéro : bières pression, vins, cocktails et bons produits locaux à grignoter.

9 L'Idiot - **E5** - *23 r. de l'Hôpital-Militaire - ☎ 03 20 49 70 84 - carte 12/14,50 €.* Un bar de quartier toujours bondé où l'on croise des enseignants, des intermittents du spectacle et autres trentenaires/quadra partageant un moment autour d'une bière. L'endroit est chaleureux, la cuisine du midi très bonne et peu chère, le patron souriant. Et pourquoi l'Idiot ? Parce que Dostoïevski.

Spectacle

24 Spotlight - **D5** - *100 r. Léon Gambetta - Ⓜ République - ☎ 06 60 31 71 09.* Un chouette endroit pour rire, se gausser, s'esclaffer devant des artistes connus ou en devenir. La scène ouverte du mardi soir (20h-21h30) réserve de très belles surprises.

LE VIEUX LILLE

Bar

30 Monsieur Jacques - **plan p. 14** - *30 r. de Gand - ☎ 03 20 74 85 59 - www.monsieurjacques.com - lun.-jeu. 18h-0h, vend. 18h-1h, sam. 18h-2h, dim. 19h-23h.* Vrai lieu de convivialité et de découverte de vins et de champagne qui compte 100 références à déguster accompagnées de tapas, d'assiettes de charcuterie ou de fromages. Belle ambiance de vieux bistro.

14 Le Jaja - **D2** - *36 r. St-André - ☎ 03 20 51 83 73 - lun.-jeu. 18h-0h, vend. 18h-1h, sam. 18h-2h, dim. 18h-0h.* Superbe comptoir en zinc à l'entrée, élégant et lumineux décor en bois et en cuir, le Jaja propose aussi de bons vins sélectionnés avec soin (6 à 10 € le verre) et des mets de qualité (planches garnies de charcuterie, fromages ou de produits de la mer).

❤ **7 La Capsule** - **plan p. 14** - *25 r. des Trois-Mollettes - ☎ 03 20 42 14 75 - lun. 18h30-1h, mar.-merc. 17h30-1h, jeu.-vend. 17h30-3h, sam. 16h-3h, dim. 17h30-0h.* Ce bar à bières est une référence dans le paysage lillois, et mondial ! Classé parmi les meilleures adresses au monde sur le site Ratebeer, la plupart des mousses proposées ici ne se trouvent nulle par ailleurs (ou presque). Les barmen sont de parfaits guides et l'ambiance joyeuse. Cave en sous-sol. Souvent bondé.

8 Le Kremlin - **plan p. 14** - *51 r. Jean-Jacques-Rousseau - ☎ 03 20 51 85 79 - lun.-dim. 18h-3h.* Bien caché au fond d'une rue calme, ce bar mérite le détour. Déco rouge et

TOILETTES

noire rehaussée de quelques vestiges de l'URSS, il est tenu par un Polonais qui s'y connaît en vodka ! Environ 70 sortes importées de Pologne, de Russie ou d'Ukraine dont quelques pépites : la vodka aux paillettes dorées, au scorpion macéré ou à la fleur de sureau.

❤ 32 **Bierbuik** – ***plan p. 14*** - *19 r. Royale - www.bierbuik.fr - merc.-jeu. 12h-0h, vend. et dim. 12h-1h, sam. 12h-2h - snack 1,50/8 €, formule 25 €.* Après l'Auberge du Vert Mont à Boeschepe, et le Bloempot à Lille, Florent Ladeyn nous propose ici un estaminet nouvelle génération où le terroir des Flandres est à l'honneur dans la carte du « ventre à bière » (Bierbuik en flamand). Au sein d'une vaste salle rose poudré et noire, très chaleureuse, on déguste des bières originales brassées sur place accompagnées d'un falafel de lentilles de Leffrinckoucke, des frites au maroilles et/ou une glace à l'italienne chicorée, caramel de bière. À l'étage, se cache le Bloemeke, une cantine où l'on cuisine au feu de bois des produits du Nord, évidemment.

❤ 25 **La Luck** – ***D2*** - *1 bis r. Princesse - ✆ 07 70 21 57 71 - mar.-jeu. 19h-0h, vend. 19h-1h, sam. 12h-2h, dim.12h-23h.* D'inspiration québécoise, ce grand espace conçu par le designer Thomas Csano mixe un bar, une brasserie et à l'étage, une salle où des centaines de jeux de société vous attendent. Des sommeliers du jeu cernent les attentes et guident les joueurs tout au long de la partie. Jeux de réflexe, de bluff, de dextérité, de mimes, de coopération, de chant, tout y est pour passer une soirée enjouée dans un décor enchanteur. On y déguste par ailleurs de bons rafraîchissements et bien entendu, une excellente poutine.

VAUBAN - CITADELLE

Baptisées les « rues de la Soif », les **rues de Solférino** et **de Masséna**, et celles avoisinantes, sont le lieu privilégié des retrouvailles très arrosées des étudiants le soir à partir du jeudi. Les bars s'y succèdent, les concepts changent régulièrement et l'ambiance y est relevée.

Bar-cantine

27 **La Capucine** – ***C4*** - *1 av. Mathias-Delobel - ✆ 03 66 59 59 44 - ouv. en saison.* Entre le jardin Vauban et le pars zoologique, seize conteneurs assemblés et une immense terrasse disposée sous les arbres offrent un espace idéal pour un apéro estival. *Beer garden* et afterworks réguliers.

Théâtre

12 **Théâtre Le Grand Bleu** – ***B4*** - *36 av. Marx-Dormoy - Ⓜ Bois-blancs - ✆ 03 20 09 88 44 - www.legrandbleu.com - mar., jeu. et vend 14h-18h, merc. 13h-20h - fermé août.* Cette salle destine toute sa programmation au jeune public. Certains spectacles sont même accessibles dès l'âge de 2 ans, d'autres plairont davantage aux adolescents : danse, cirque, théâtre, conte, hip-hop et autres bonnes surprises.

WAZEMMES

Concert/spectacle

Voir aussi la programmation de la maison Folie Wazemmes p. 42.

17 **La Malterie** – **D8** - *42 r. Kuhlmann - Porte-des-Postes ou Wazemmes - 03 20 15 13 21 - www.lamalterie.com.* Ancienne friche industrielle, cet espace est divisé en salles de spectacles, d'exposition et en ateliers d'artistes.

Bar

28 **Le Cirque** – **D7** - *139 r. des Postes - Wazemmes - 03 62 10 76 86 - lun.-jeu. 12h-0h, vend. 12h-1h, sam. 12h-2h, dim. 18h-0h.* Un bar-restaurant à l'image du quartier de Wazemmes et de sa rue des Postes, chaleureux, décontracté, multiculturel. Une chouette adresse également pour découvrir la scène musicale locale tout en dégustant un bon welsh ou des lasagnes végétariennes.

29 **La Pépite** – **D6** - *12 pl. Sébastopol - République-Beaux-Arts - 03 20 40 24 80 - www.lapepitelille.fr - mar.-jeu. 17h-0h, vend. 17h-01h, sam. 17h-2h, dim. 17h-23h.* Ambiance branchée et conviviale dans ce bar-cantine à deux pas du théâtre Sébastopol. Les Lillois aiment s'y retrouver après le boulot pour se désaltérer et profiter de quelques délicieux snacks maison.

MOULINS ET LILLE SUD

Bar/concert

22 **La Rumeur** – **F7** - *57 r. de Valenciennes - Porte-de-Valenciennes - 03 20 52 71 97 - lun.-jeu. 18h-0h, vend.-sam. 18h-1h.* Cet estaminet organise des concerts live tous les jeudi, vendredi et samedi soir. Pop-rock, métal, reggae, etc.

Concert/spectacle

Le Grand Sud – **Hors plan** - *50 r. de l'Europe - Porte-des-Postes - 03 20 88 89 90 - www.lille.fr/Le-Grand-Sud.* Ce bâtiment transparent et modulable accueille des concerts, des expositions, des représentations de danse et de théatre, des défilés de mode. L'été, sa façade mobile permet d'ouvrir la salle de spectacle sur le parc attenant.

EURALILLE

Concert/spectacle

19 **L'Aéronef** – **F4** *-168 av. Willy-Brandt - Gare-Lille-Flandres - 03 20 13 50 00 - www.aeronef.fr - fermé juil.-août.* Deux salles accueillent des concerts de musique actuelle : électro, rock, reggae ou jazz.

20 **Zénith Arena - Grand Palais** – **F5** - *1 bd des Cités-Unies - Mairie-de-Lille - 03 20 14 15 16 - www.lillegrand palais.com.* Palais des congrès, expositions, spectacles et concerts.

21 **Hôtel Casino Barrière** – **F4** - *777 pont de Flandres - Lille-Europe - 03 28 14 47 77 - www.lucienbarriere.com - 10h-4h.* Un théâtre de 1200 places, au cœur de l'hôtel Casino Barrière, accueille chaque année un dîner-spectacle/ cabaret et de manière plus exceptionnelle des chanteurs. Programmation grand public.

LAMBERSART

Bar/concert

③ **Le Dancing**– **C1** - *296 r. de Lille - ☎ 03 20 06 87 08 - lun.-merc. 12h-14h, jeu. 12h-14h, 18h-0h, vend. 12h-14h, 18h-1h, sam. 18h-2h - dim. 12h-1h.* Juste derrière la citadelle, à Lambersart, on se trémousse sur du rockabilly, de la soul, de la new-wave, du disco dans ce lieu qui puise son inspiration dans les dancings belges du siècle dernier. Cet ancien cabaret, aux teintes rouges et aux néons flashy, cumule parfaitement les fonctions de restaurant, de bar et de piste de danse, le tout dans une ambiance... festive !

ROUBAIX

Danse

㉔ **Ballet du Nord** – ***plan p. 53 A1*** - *33 r. de l'Épeule - Ⓜ Gare-Jean-Lebas - ☎ 03 20 24 66 66 - www.balletdunord.fr - 8/25 €.* Propulsé sur la scène internationale grâce à son ancienne directrice, l'Américaine Carolyn Carlson, le CCN, désormais dirigé par Sylvain Groud, est une référence de la danse contemporaine. Une scène incontournable.

TOURCOING

Concert

Le Grand Mix – *5 pl. Notre-Dame - Ⓜ Colbert - ☎ 03 20 70 10 00 - www.legrandmix.com.* Programmation variée et de haute tenue pour cette salle à l'acoustique parfaite. Les artistes de hip-hop, de rock indie, de world music se succèdent sur cette scène réputée. Bar à l'intérieur.

Café de Paris - l'Audito – *5 pl. de la République - Ⓜ Tourcoing-centre - ☎ 06 95 36 52 85 - www.cafedeparis-laudito.fr.* En plein cœur de Tourcoing, une petite scène conviviale : théâtre, concert jazz, rock, classique, humour, spectacle jeune public...

Se loger

De nombreux hôtels au design recherché et innovant, correspondant aux critères et au goût de ses voisins du nord de l'Europe, ont vu le jour dans la ville. Parallèlement, une offre de chambres d'hôte, bien répartie sur l'agglomération, permet une alternative intéressante à des tarifs compétitifs et avec une qualité de service remarquable. Attention : la métropole est vite saturée pour la Braderie, le premier week-end de septembre, et lors de certains congrès.

Tous les établissements sélectionnés ici proposent le wifi gratuit et la plupart mettent à disposition du thé et une cafetière dans les chambres. Le prix est calculé sur la base d'une chambre double en haute saison le week-end.

Repérez les adresses sur les plans grâce aux pastilles numérotées (ex. 1) et aux coordonnées en rouge (ex. C2).

LILLE CENTRE

Jusqu'à 90 €

8 **Hôtel Kanaï** – *plan p. 14 - 10 r. de Béthune - 03 20 57 14 78 - www.hotelkanai.com - P 14 € - 31 ch. 60/130 € - 12 €.* La situation de cet hôtel est idéale : à 2mn du palais Rihour, de la Grand'Place et des commerces du centre. Décoration très tendance et mobilier contemporain. Un parfait accueil. Pas d'ascenseur.

De 90 à 130 €

14 **Hôtel La Valiz** – ***E4*** *- 13 pl. de la Gare - M Gare Lille-Flandres - 03 20 06 04 12 - www.hotellavaliz.com - P 14 € - 44 ch. 50/199 € - 9 €.* Sur le parvis de la gare Lille-Flandres, à proximité des rues piétonnes, cet hôtel entièrement rénové met à votre disposition des chambres parfaitement équipées. L'emplacement et les prix abordables en font une adresse à ne pas négliger.

7 **Chambre d'hôte La Villa 30** – ***E5*** *- 24 r. du Plat - 03 66 73 61 30 - www.lavilla30.fr - 4 ch. 85/139 € - tarif w.-end 85/125 €.* Dans une rue calme, à proximité du musée des Beaux-Arts, cette maison des années 1930 a gardé le cachet des demeures bourgeoises. Le bois, les couleurs pourpres et les quelques éléments Art déco créent une ambiance chaleureuse. Au 2e étage, salles de déjeuner et de repos communes. Garage et vélo à disposition. Les chambres, aux beaux volumes, sont bien équipées. Celles de milieu de gamme offrent le meilleur rapport qualité-prix.

❤ 6 **Best Western Premier Why Hotel** – *plan p. 14 - 7 bis sq. Morisson - 03 20 50 30 30 - www.why-hotel.com - 45 ch. et 1 suite à partir de 114 € - P à proximité (16 €/j).* Installé dans l'hypercentre juste derrière la place Rihour, cet hôtel a été aménagé dans un ancien bâtiment administratif. Il en a gardé la façade en béton blanc reconnaissable entre toutes, découpée de grandes fenêtres ovales. Les chambres et le hall, à la décoration très soignée et originale, jouent de son architecture seventies. On reconnaît le bâtiment de loin et il est impossible d'oublier qu'on y a séjourné ! Chambres peu classiques (avec souvent la salle de douche ouverte sur la chambre), très confortables et lumineuses. Salle de sport, bar, terrasse, restaurant.

De 130 à 170 €

(13) **Hôtel UP** – ***plan p. 14*** - *17 pl. des Reignaux - Ⓜ Gare Lille-Flandres - 03 20 06 06 93 - www.hotelup.fr - 27 ch 122-159 € - 16 €.* Hôtel design et intimiste (de la chaîne Best Western), proche de la gare Lille-Flandres mais déjà dans le centre. Toutes les chambres, plutôt spacieuses, ont un décor différent, même si le style contemporain, très tendance, s'impose à l'ensemble de l'hôtel. En rez-de-chaussée, un bar où est servi le petit-déjeuner. Animation cocktail le vendredi. Petite restauration en chambre, servie 24h/24.

Plus de 170 €

(17) **Hermitage Gantois** – ***E5*** - *224 r. Pierre-Mauroy - 03 20 85 30 30 - www.hotelhermitagegantois.com - ♿ - 88 ch. - à partir de 205 €.* À proximité de la porte de Paris, un des plus beaux hôtels de la ville et un des plus originaux aussi. Cet établissement a gardé l'architecture et de nombreux vestiges de l'hospice du 15e s. où il est installé : un musée *(visite guidée gratuite mar. 14h)*, une chapelle, une bibliothèque, une cour d'honneur qui accueille le bar *(animation musicale le soir)*, un réfectoire (transformé en salon) orné de peintures et boiseries du 18e s., et six cellules de sœurs désormais aménagées en chambres confortables. Une extension contemporaine en métal héberge une quinzaine de chambres et un Spa avec piscine. Sur place également, un restaurant gastronomique, **Le H** *(44/72 €)* et un **estaminet** (*p. 73*).

LE VIEUX LILLE

Jusqu'à 90 €

(1) **Gastama/The People Hostel** – ***D2*** - *109 r. St-André - 03 20 06 06 80 - www.gastama.com - ♿ - 156 lits 24/30 €/pers. en dortoir, 54/79,50 €/2 pers. en ch. dble sans sdb, 71/116 €/2 pers. en ch. double avec sdb - 12h-14h15, 12/15 €.* Cet hôtel aménagé dans une maison traditionnelle du Vieux Lille est à mi-chemin entre l'auberge de jeunesse et l'hôtel. On peut y louer soit un lit dans un dortoir (de maxi 10 pers.), soit une chambre avec lit simple/double équipée ou non d'une salle de bains privée. À disposition : bar ouvert jusqu'à minuit ou plus, diffusion des événements sportifs, cuisine en libre accès, une machine à laver et un sèche-linge et belle programmation événementielle tout au long de l'année. Propre, déco et accueil sympathiques. Meilleur rapport qualité/prix de la ville.

De 90 à 130 €

(3) **Princesse Apart'hotel** – ***D2*** - *39 r. Princesse - 06 30 69 81 06 - http://*

princesse-apart.hotelsinlille.com/fr - 6 apparts de 2 à 4 pers 95/130 €. Cette vieille demeure lilloise à la façade sans charme, dans une rue calme du quartier ancien, abrite des appartements à la nuit ou à la semaine. Design fonctionnel mais un peu froid. Réservation par Internet et téléphone (un code d'accès est ensuite envoyé par mail ou sms). Pas de réception sur place, flexibilité dans les horaires d'arrivée et de départ. D'autres appartements sont disponibles à la location pour un week-end ou une semaine rue Négrier, près de la rue Royale (*royaleaparthotel.fr*).

5 **Hôtel Brueghel** - ***plan p. 14*** - *Parvis St-Maurice - 03 20 06 06 69 - www.hotel-brueghel-lille.com - 61 ch. 80/115 € - 12 €.* Cette jolie maison flamande occupe une excellente situation dans le secteur piétonnier, à deux pas de la gare. Chambres au charme d'antan, dotées de salles de bains neuves. Ascenseur, boiseries et objets chinés chez les antiquaires valent le coup d'œil.

2 **Hôtel de la Treille** - ***plan p. 14*** - *7-9 pl. Louise-de-Bettignies - 03 20 55 45 46 - www.hoteldelatreille.com - - 40 ch. et 4 suites 90/150 € - 16 €.* Niché sur la plus belle place du Vieux Lille, cet hôtel a été entièrement rénové en 2014. Les chambres élégantes, mais peu spacieuses, disposent toutes de salles de bains avec baignoire. Les plus calmes donnent sur les jardins de N.-D.-de-la-Treille, mais ne sont pas accessibles par ascenseur. Possibilité de chambres communicantes pour les familles.

VAUBAN – CITADELLE

De 130 à 170 €

❤ 11 **L'Esplanade** - ***D3*** - *42 bis façade de l'Esplanade - M Rihour - BUS 1 et 90, arrêt Colpin - 03 66 96 93 86 - www.esplanadelille.com - 5 ch. d'hôte 120/179 €.* Cette très belle maison bourgeoise borde à la fois le parc de la Citadelle et le Vieux Lille, avec une vue dégagée des deux côtés. Quand ils l'ont aménagée en 2012, les propriétaires ont choisi une décoration design haut de gamme, jouant sur le blanc qu'ils ont rehaussé de couleurs chaudes, tout en gardant les magnifiques matériaux d'origine : boiseries, superbes cheminées, moulures, hauteur sous plafond... Chambres aux beaux volumes. Exposition-vente d'artistes locaux. Possibilité de parking à proximité. Accueil discret et très cordial.

MOULINS ET LILLE SUD

Jusqu'à 90 €

25 **Auberge de jeunesse Lille - Stéphane Hessel** - ***G7*** - *235 bd Paul-Painlevé - M Porte-de-Valenciennes - 03 20 57 08 94 - www.hifrance.org - - 200 lits, 55 ch. (de 1 à 6 pers.) env. 25 €/pers.* Dans un quartier en pleine mutation, l'impressionnante bâtisse colorée à l'architecture futuriste abrite plusieurs structures. La sympathique et dynamique maison Stéphane Hessel s'organise autour d'un agréable patio. Côté auberge de jeunesse, des chambres claires, simples et bien tenues dont certaines donnent sur

une terrasse commune. Nombreux services et espaces partagés : cuisine, bar, laverie, bagagerie, garage à vélos, etc.

26 **Eklo Lille** - **G8** - *6 r. Professeur-Langevin (à l'entrée du village BTwin, dédié au vélo) - M Porte-de-Valenciennes - 03 74 09 00 06 - www.eklohotels.com - P - 98 ch. 44 € la ch. double - 6 €.* Un peu excentré, cet hôtel économique tout neuf qui s'apparente à la fois à une auberge de jeunesse et à un motel, dispose de vélos *(5 €/1/2 j., 9 €/j.)*. Aménagées dans un bâtiment basse consommation, les chambres sont petites – à l'image des prix –, sombres mais confortables (très bonne literie) ; elles se déclinent en différentes versions (2 à 6 pers.). L'ensemble est convivial, avec plusieurs espaces partagés : chaleureux salon avec jeux, cuisine, bar, *barbapizz'* (pizzas, salades) installé dans le jardin.

ROUBAIX

De 90 à 130 €

21 **La Maison Bleue** - *plan p. 53 A1 - 96 r. du Grand-Chemin - M Gare-Jean-Lebas/Roubaix-Grand-Place - 06 08 09 38 20 - www.lamaisonbleue59100.com - 5 ch. 98/113 €, 2 studios 106/125 €, 1 appt 128 €.* Bien desservi par les transports en commun (métros et gare à proximité), cet hôtel particulier du quartier de La Piscine a été entièrement rénové et propose 5 chambres alliant le charme de l'ancien au confort contemporain. Un espace d'exposition est dédié aux œuvres d'artistes locaux.

TOURCOING

Plus de 150 €

❤ **La Villa Paula** - *44 r. Ma Campagne - Tram Ma Campagne et M Mercure - 06 12 95 97 97 - www.villapaula.fr - P - 2 ch., 2 suites 150/220 €.* Dans un hôtel particulier Art déco, au sud du centre de Tourcoing, grandes chambres, très bien équipées et déclinées soit en noir, soit en blanc. Petit-déjeuner servi dans la salle commune ou en terrasse. Grand jardin, Jacuzzi, salle de sport et massage sur demande. Parking fermé.

VILLENEUVE D'ASCQ

Jusqu'à 90 €

23 **La Maison du Sart** - *plan p. 61 - 64 av. de Flandres - Tram Le Sart et M Wasquehal-Palais-de-Lille - 06 82 57 40 31 - www.maisondusart.com - P - 3 ch. 70/75 €.* Maison de maître à l'ambiance familiale à deux stations de tramway de la villa Cavrois. Belle chambre à alcôve notamment, décorée à l'orientale. Petit-déjeuner maison et bière bio produite par le propriétaire. Terrasse.

lille

Lille pratique

Cyclistes (V'Lille) devant le palais des Beaux-Arts.
C. Philippe/ArTerra Picture Library/age fotostock

Préparez votre voyage

VENIR EN VOITURE

Lille est à 226 km de Paris et à 111 km de Bruxelles.
Pour rejoindre Lille depuis Paris, vous emprunterez l'**A 1**.
Par la route p. 3.
Infos autoroutières - 0 892 681 077 - www.autoroutes.fr - fréquence FM 107.7.

Les cartes Michelin

Carte **Départements 302** (Nord).
Carte **Région 511** (Nord-Pas-de-Calais, Picardie) avec index des localités et plan de Lille.
Carte **France 721**, au 1/1 000 000.
En ligne : calcul d'itinéraires sur **www.ViaMichelin.fr**.

VENIR EN TRAIN

Grandes lignes

Au départ de Paris : TGV 1h04, 21 dép./j. avec un AR toutes les 30mn matin et soir, et toutes les heures le reste de la journée en semaine.
Informations et réservations - 36 35 (0,34 €/mn) - www.oui.sncf/

Trains express régionaux

Informations et réservations - 0 805 506 070 (appel gratuit) - www.ter.sncf.com/hauts-de-france.
En saison estivale et à certaines dates, grâce au programme éTER en Hauts-de-France, **billets à 2 €** l'aller-retour pour rejoindre le littoral ou l'intérieur des terres.

VENIR EN AVION

Aéroport de Lille-Lesquin - 0 891 673 210 (0,23 €/mn) - www.lille.aeroport.fr.
Accès au centre-ville depuis l'aéroport p. 3.
Air France - 36 54 (0,34 €/mn) - www.airfrance.fr. Vols pour Lille au départ de Bordeaux, Nantes, Toulouse, Marseille et de Nice.
Easyjet - 0 820 420 315 (0,12 €/mn) - www.easyjet.com. Vols pour Lille au départ de Biarritz, Bordeaux, Nantes, Nice, Toulouse et Genève.
HOP! - 0 892 70 22 22 (0,35 €/mn) - www.hop.com. Filiale d'Air France, elle assure la connexion entre Lille et une douzaine de villes en France.
Ryanair - 0 892 562 150 (0,34 €/mn) - www.ryanair.com. Liaison avec Marseille.
Volotea - 0 899 232 050 (coût variable selon opérateur) - www.volotea.com/fr. Vols pour Lille au départ d'Ajaccio, Bastia et Montpellier.

CLIMAT

Printemps : Agréable malgré quelques giboulées et gelées matinales.
Été : La meilleure période mais attention, la ville est presque déserte.
Automne : Ciel souvent gris et bas, pluies fréquentes.
Hiver : Froid mais festif : fête de la Saint-Nicolas, marché de Noël.

OFFICES DE TOURISME

Lille – *Palais Rihour, pl. Rihour - ☎ 0 891 56 20 04* (0,225 €/mn) - *www.lilletourism.com.*
Roubaix – *7 r. du Chemin-de-Fer - ☎ 03 20 65 31 90 - www.roubaixtourisme.com.*
Tourcoing – *9 r. de Tournai - ☎ 03 20 26 89 03 - www.tourcoing-tourisme.com.*
Villeneuve d'Ascq – *Chemin du Chat-Botté - château de Flers - ☎ 03 20 43 55 75 - www.villeneuvedascq-tourisme.eu.*
Wambrechies – *21 pl. du Gén.-de-Gaulle - ☎ 03 28 38 84 21 - www.valdedeule-tourisme.fr.*

POUR EN SAVOIR PLUS

Nord Tourisme – *54 r. Jean-Sans-Peur - Lille - ☎ 03 20 57 59 59 - www.jadorelenord.fr.*
www.nordmag.fr – Culture et loisirs pour le Nord-Pas-de-Calais.
www.lillelanuit.com – Tout l'agenda des sorties lilloises.
www.weekend-esprithautsdefrance.com – Idées de week-end bien-être, entre amis, insolite, romantique ou au grand air.

Pas de panique !

Appel d'urgence européen : ☎ 112
Urgences médicales : ☎ 15 (SAMU)
Police : ☎ 17
Pompiers : ☎ 18
SOS Médecins (24h/24) de la Métropole européenne de Lille : ☎ 03 20 29 91 91
Pharmacies de garde : ☎ 0 825 74 20 30 (0,15 €/mn)
Centre anti-poison : ☎ 0 800 59 59 59 (n° vert)
Objets trouvés : ☎ 03 20 50 55 99 (lun.-vend. 8h-12h, 14h-17h, sam. 9h-12h)
Perte ou vols de cartes bancaires : ☎ 0 892 705 705 (0,34 €/mn), qui vous orientera selon votre carte

Votre séjour de A à Z

ENFANTS

Réserves naturelles, parc zoologique ou archéologique, plans d'eau, fermes ou serres pédagogiques, zones de loisirs et aires de jeux, karting, bowling, accrobranche, patinoire, spectacles... Les activités que l'on peut faire avec des enfants de tous âges dans la métropole lilloise sont innombrables. Elles sont répertoriées dans un agenda publié par l'office de tourisme : Agenda famille - Activités enfants & parents.

Par ailleurs, des ateliers thématiques sont organisés par le musée de La Piscine à Roubaix *(p. 50)* et le LaM à Villeneuve d'Ascq *(p. 58)*. Le palais des Beaux-Arts *(p. 20)* propose quant à lui un parcours famille interactif avec des initiations au graphisme. Enfin, les visites les plus appropriées pour un moment en famille sont le musée de la Poupée et du Jouet ancien à Wambrechies *(p. 63)*, la maison Folie de Moulins *(p. 44)*, le musée de l'Institut Pasteur *(p. 27)*, et le musée d'Histoire naturelle et de Géologie *(p. 28)*.

Les familles peuvent aussi se détendre ou pique-niquer au parc de la Citadelle, au Jardin des plantes, au jardin Vauban et son théâtre de marionnettes, au parc Jean-Baptiste-Lebas, au parc Barbieux de Roubaix, au parc du Héron de Villeneuve d'Ascq et au jardin Mosaïc à Houplin-Ancoisne.

MARCHÉS

p. 86.

PASS TOURISTIQUE

Visites p. 114.

City Pass Métropole européenne de Lille – Le Pass *(24/48/72h : 25/35/45 € - 10 % de réduction en réservant en ligne)* donne un accès gratuit à 29 sites et offres touristiques de la Métropole européenne de Lille (palais des Beaux-Arts, musée de l'Hospice Comtesse, maison natale de Charles de Gaulle, musée de La Piscine à Roubaix, Villa Cavrois, musée du LaM à Villeneuve d'Ascq, Lille City Tour...), ainsi qu'aux transports en commun de la MEL (réseau Ilévia). Le Pass 72h comprend en plus l'accès gratuit à 14 sites et attractions touristiques en région (Les Boves d'Arras, le Louvre-Lens, le musée Matisse au Cateau-Cambrésis...).

Office de tourisme de Lille p. 109.

PERSONNES À MOBILITÉ RÉDUITE

Lille est une ville très plate. Le métro et le tramway ainsi que deux tiers des bus sont adaptés aux fauteuils roulants. En revanche, attention, les rues du Vieux Lille sont redoutables car revêtues de vieux pavés arrondis ; celles de Lille Centre également, mais avec des pavés plus praticables.

La plupart des musées et des sites touristiques sont accessibles en fauteuil roulant.
Dans ce guide, le symbole ♿ signale les sites accessibles aux personnes à mobilité réduite.
APF du Nord – 231 r. Nationale - ☎ 03 20 57 99 84.

POSTE

Bureau central – 8 pl. de la République - Ⓜ République-Beaux-Arts - ☎ 36 31 - lun.-merc. et vend. 9h-18h30, jeu. 9h-12h, 14h15-18h30, sam. 9h-12h30.

PRESSE

La Voix du Nord est le quotidien historique et de référence de Lille et de sa région. Son siège social qui domine la Grand'Place est aussi connu que son titre, qui est issu de la Résistance. Un million de lecteurs le lisent chaque jour.
Sont distribués gratuitement : **CNews**, **20 minutes**, **À nous Lille**.
Lille magazine, le mensuel édité par la mairie et disponible sur place. À feuilleter sur www.lille.fr/Mairie-de-Lille/Le-kiosque.
Let's Motiv, mensuel gratuit dédié à l'actualité culturelle des Hauts-de-France et de la Belgique - www.lm-magazine.com.
Le Ch'ti magazine et **Ch'tites Canailles** (www.lechti.com) sont écrits et réalisés par les étudiants de la ville tout au long de l'année. Ces deux magazines sortent en une seule édition le 3e week-end du mois de mars, chaque année. On y trouve de nombreuses adresses, sélectionnées et cotées par catégories, ainsi que des bons plans. Sans oublier les Ch'tites Canailles, spécial enfants : boutiques spécialisées, activités, etc. Les numéros sont distribués gratuitement sur la place de la République et alentour, lors d'un événement à ne pas manquer : concerts, jeux et animations pour tous. La carte Ch'ti est gratuite et donne droit à des réductions dans les boutiques, restos... Lors du week-end du lancement *(fin mars)*, les lecteurs ont la possibilité de faire un don à une association caritative différente chaque année.

SPORTS

Lille peut s'enorgueillir d'avoir le stade le plus moderne de France, construit en 2012, ex-Grand Stade de Lille-Métropole, rebaptisé **Stade Pierre-Mauroy** (*p. 63*).
La halle **Jean Bouin** est une grande salle d'athlétisme couverte, très prisée des organisateurs de grandes compétitions, pour pallier le risque d'intempéries.
Lille dispose également de la **halle de glisse**, spot unique dans le nord de la France pour tous les amateurs de skateboard, rollers...
Roubaix est, elle, dédiée au cyclisme. Point d'arrivée de la célèbre course **Paris-Roubaix**, son vélodrome construit dans les années 1920 et ses fameuses douches se visitent toute l'année (*p. 54*).
Plus récent, le **Stab Vélodrome** ou vélodrome couvert, offre à tous la

possibilité d'un baptême de vélo sur piste *(réserv. ☏ 03 20 65 31 60 - stab@stabvelodrome.fr - sam. 14h-19h30, merc. 10h30-12h, dim. 12h-14h - 20 € baptême de piste).*

STATIONNEMENT

Dans le centre-ville, le stationnement est payant et très limité. Plusieurs **parcs relais** gratuits (avec un titre de transport Ilévia validé) sont situés à proximité de stations de métro.
Ligne 1 : CHR B.-Calmette (Lille), Porte-des-Postes (Lille), Quatre-Cantons – Stade-Pierre-Mauroy (Villeneuve d'Ascq).
Ligne 2 : St-Philibert (Lomme), Porte-des-Postes (Lille), Porte-d'Arras (Lille), Les-Près – Edgard-Pisani (Villeneuve d'Ascq).
Il est aussi possible de se garer à proximité du centre-ville dans les parkings du Champ-de-Mars de Petit-Paradis (16 €/24h) et Liberté (22,50 €/24h). Plusieurs parkings Indigo sont à disposition en ville (de 9 à 48 €/j.).

TAXI

Stations uniquement à l'aéroport, gare de Lille-Flandres et gare de Lille-Europe.
AG taxis – ☏ 03 20 26 28 28 - www.agtaxis.fr.
Taxi Gare Lille – ☏ 03 20 06 64 00.
Taxi Rihour – ☏ 03 20 55 20 56.
Centrale Taxi Lille – ☏ 06 20 53 40 02 - www.centrale-taxi-lille.fr.
Taxi Lille Métropole – ☏ 06 62 32 49 24.

TRANSPORTS EN COMMUN

Un plan du métro et du tram se trouve au dos du plan détachable.
Lille-Métropole dispose d'un réseau de transports en commun très performant : deux longues lignes de métro (desservant notamment Villeneuve d'Ascq, Tourcoing et Roubaix) comptent au total une soixantaine de stations auxquelles sont connectés tous les autres moyens de transport de la communauté urbaine, à savoir les deux lignes de tramway, les lignes de bus, les stations de V'Lille (vélo) ou encore les TER.
Le métro, entièrement automatique, a une fréquence élevée : toutes les minutes aux heures de pointe, jamais plus de 6 minutes d'attente aux heures creuses.
Ilévia – ☏ 03 20 40 40 - www.ilevia.fr - système Pass Pass : les voyageurs occasionnels doivent acheter une carte rechargeable souple (0,20 €) et choisiront ensuite un trajet à l'unité (1,65 €), des cartes 10 trajets (14,45 €) ou encore un Pass 1 Jour (4,90 €), un Pass 2 Jours (8,80 €), un Pass 3 Jours (12 €), etc. jusqu'à 7 jours (17,10 €). Achat des tickets dans les stations de métro et de tramway ou à l'office de tourisme. Attention, il faut valider son Pass (« bip » sonore) à chaque trajet et chaque correspondance sur les bornes présentes sur les quais ou dans les bus.
Tramway ancien – R. de la Deûle - 59520 Marquette-lez-Lille - ☏ 03 28 38 84 21 - www.amitram.fr - du 1er dim. d'avr. au 1er dim. d'oct., 14h30-18h30 (dép. ttes les 20mn du quartier de Vent de Bise à

O. Leclercq/hemis.fr

Vielles maisons derrière la cathédrale Notre-Dame-de-la-Treille.

Wambrechies et de la r. de la Deûle à Marquette); juil.-août : dim. et merc. 15h-16h30 (dép. ttes les 45mn du quartier de Vent de Bise à Wambrechies) - 6 € AR (4-12 ans, 2 € AR). Sur la rive droite du canal de la Deûle, trois vieux tramways remis en service par l'association Amitram circulent entre Marquette-lez-Lille et Wambrechies (2,9 km), au rythme du début du 20e s.!

VÉLO

La ville est plate et se prête très bien aux déplacements à vélo.

Procurez-vous la carte « La MEL à vélo », disponible en mairie, dans les offices de tourisme et chez les loueurs de vélos, pour connaître les pistes cyclables, les véloroutes, les stations V'Lille et les abris sécurisés de la métropole.

V'Lille – 2200 vélos sont mis à disposition dans 223 stations de stationnement, à Lille et dans 9 communes environnantes (Roubaix et Tourcoing notamment), la plupart connectées au réseau **Ilévia** – p. 112 - 1,70 € pour 24h, 7,30 € pour 7 j., gratuit les 30 premières minutes, puis 1 € par demi-heure supp., dépôt de garantie : 200 €.

L'atelier vélo – 10 av. Willy-Brandt, Lille Flandres (à coté du Tripostal) - 03 20 78 80 63 - lun. 8h30-12h15, mar.-vend. 8h30-12h15, 14h30-17h15. Location de vélo (6 €/j.) et réparation.

Caution de 300 € (en chèque ou espèces uniquement).
Le Grand Huit – 2 av. Léon-Jouhaux (jardin Vauban) - ✆ 06 08 25 74 91 - http://legrandhuit.eu. Location de vélo hollandais (20 € la journée) et visite guidée de Lille à vélo (hollandais, tandem) les vendredis, samedis et dimanches à 10h (2h) et aussi à trottinette ou en stand up paddle !

VISITES

Pass touristique p. 110.
City Tour – ✆ *03 59 57 94 00 - dép. du palais Rihour - tour de Lille en minibus (1h15) avr.-oct. : tlj 10h30, 12h, 14h30 et 16h ; reste de l'année : tlj 11h30, 14h et 15h30 - 14 € (-6 ans gratuit), tarif réduit en ligne 12 € - réserv. à l'office de tourisme ou sur www.lilletourism.com.* Le City Tour vous offre un panorama des principaux monuments de la ville.
Visite guidée du Vieux Lille – *Réserv. : office du tourisme - ✆ 03 59 57 94 00 - programme complet sur www.lilletourism.com - 11 € (-6 ans gratuit), tarif réduit en ligne 9 €.* Lille propose toute l'année des visites-découvertes animées par des guides-conférenciers passionnants : Vieux Lille, beffroi de l'hôtel de ville, Citadelle, City Tour...
Visite guidée « Lille à trottinette » par le « Grand huit » – ✆ *06 08 25 74 91 - http://legrandhuit.eu. Comptez 1h30 à 1h45, dép. les samedis à 14h devant l'office de tourisme.* Visite originale de la ville à trottinette avec une dizaine d'arrêts.
Visite en tramway de Lille à Roubaix – ✆ *03 20 65 31 90 - sam. 11h-12h30 (sf braderie) - 9 €/pers. (7 € réserv. en ligne), dép. de la gare Lille-Flandres.* Le tarif inclut un Pass'Journée sur le réseau Ilévia et une visite guidée, qui commence dans le tramway et se poursuit par une découverte du centre historique de Roubaix.
Balade gourmande – ✆ *03 59 57 94 00 - www.sublimeurs.fr - du 8 mai au 30 octobre : 2e et 4e vendredis de chaque mois à 17h (2h) - dép. devant l'office de tourisme 16 €/pers. (-6 ans gratuit), réserv. en ligne 15 €.* Balades gourmandes estivales à la découverte des recettes des restaurants Ripaille et l'Arc, de la torrréfaction du café Méo, des fromages de Philippe Olivier, des bières de la micro-brasserie Célestin et du bar La Capsule.

Agenda culturel

RENDEZ-VOUS ANNUELS

Mars

▶ **Carnaval de Wazemmes** (mi-mars) – Parade colorée, fanfares et animations clôturées par un grand bal costumé à la maison Folie de Wazemmes.

▶ **Ch'ti magazine** (fin mars) – Distribution, animations, concerts (☛ p. 111).

▶ **Séries Mania** (9 jours, fin mars) – Festival international de référence consacré aux séries télévisées avec plus de 120 projections. Avant-premières, compétitions, programmation thématique...

Avril

▶ **Paris-Roubaix** (déb. avr.) – La célèbre course cycliste réunit les plus grands noms du vélo chaque année, dans « l'enfer du Nord ». Départ de Compiègne, arrivée à Roubaix - www.paris-roubaix.fr.

▶ **Nuits de la crypte** (du w.-end des Rameaux au w.-end apr. Pâques) – Au centre d'art sacré, conférences, concerts et expos en nocturne.

Mai

▶ **Festival international de la Soupe** (1er Mai) – Autour de la maison Folie Wazemmes, dégustation et élection de la meilleure soupe, récompensée par la Louche d'Or!

▶ **Wazemmes l'accordéon** (10 j.) – Le rendez-vous des virtuoses de l'accordéon, de tous les pays et dans tous les genres - ✆ 03 20 22 12 59 - www.flonflons.eu.

Juin

▶ **Deûle et lys en fête** (1er w.-end) – Croisières musicales et festival des saveurs dans toutes les villes du bord de la Deûle, de Wambrechies à Lambersart - ✆ 03 20 92 26 38/03 28 38 84 21 - www.valdedeule-tourisme.fr.

▶ **Journée nationale des moulins à Villeneuve d'Ascq** (3e dim.) – Organisée par l'Association régionale des amis des moulins.

▶ **Latitudes contemporaines à Lille** (3 sem.) – Festival des nouvelles scènes chorégraphiques. Exigeant mais stimulant - ✆ 03 20 55 18 62 - www.latitudescontemporaines.com.

Juillet

▶ **Tourcoing Plage** (3 sem.) –Au bord du canal, pont hydraulique, activités sportives et de loisirs, animations et concerts gratuits - www.tourcoing-tourisme.com.

Septembre

▶ **Braderie de Lille** (1er w.-end) – Durant ce week-end, Lille ne vit que pour la Braderie. Des kilomètres de trottoirs sont conquis par les forains et les particuliers. On s'installe n'importe où pour vendre n'importe quoi. Animation garantie, surtout dans le quartier piéton de la place Rihour, sur le boulevard de la Liberté, l'esplanade du Champ-de-Mars

R. Soberka/hemis.fr

La braderie de Lille sur le parking de la Citadelle.

et autour du parc Jean-Baptiste-Lebas. À cette occasion, restaurants et cafés servent des moules-frites - www.braderie-de-lille.fr.

▶ **48h Maisons de Mode** (mi-sept.) – Défilé de mode à la gare St-Sauveur - www.maisonsdemode.com.

▶ **Fête du jouet ancien à Wambrechies** (dernier w.-end) – Le musée organise Eurotoy, la Bourse internationale de poupées et jouets anciens.

Octobre

▶ **N.A.M.E.** (1 sem.) – Festival de musiques électroniques - www.lenamefestival.com.

▶ **Tourcoing Jazz Festival** (mi-oct.) – Tous les ans, quelques grands noms du jazz, et de toutes les sensibilités dans ce style, sont présents à l'occasion de ce festival qui allie concerts payants et gratuits - www.tourcoing-jazz-festival.com.

Décembre

▶ **Marché de Noël** (de mi-nov. à fin déc.) – À l'approche des fêtes de fin d'année, la place Rihour et la Grand'Place s'animent avec les chalets et la Grande Roue - www.noel-a-lille.com.

▶ **Braderie de l'art à Roubaix** (2e w.-end) – Pendant 48 heures, designers, illustrateurs, graffeurs, sculpteurs… créent en public à partir d'objets et de matériaux de récup' puis vendent leurs pièces - La Condition publique - www.labraderiedelart.com.

P. Raftery/age fotostock

Le musée LaM à Villeneuve d'Ascq, intérieur.

ÉVÉNEMENTS 2020-2021

▶ **Lille Métropole 2020, Capitale Mondiale du Design** – Déc. 2019- déc. 2020. Grandes expositions, parcours thématiques, rencontres avec les designers, manifestations festives et pédagogiques au programme d'une année articulée en quatre saisons thématiques. Création de cinq maisons POC *(proof of concept)* conçues par des personnalités du design pour réfléchir à des modèles d'objets, d'usages et de services.

▶ **Expositions temporaires**
Palais des beaux-arts – 15 oct. 2020-15 fév. 2021. Prière de toucher.
Tripostal – 9 oct. 2020-3 janv. 2021. Colors, etc.
La Piscine de Roubaix – oct. 2020-janv. 2021. Alexej Von Jawlensky.

GALERIES D'ART

▶ **Artop** (art contemporain) – 40 pl. du Théâtre – ✆ 06 78 07 09 52 - www.artop.com.

▶ **Point Barre & Ko** (sculpture) – 65 r. de la Barre - ✆ 06 23 89 16 06.

▶ **Galerie 9** (arts décoratifs du 20e s.) – 9 r. des Bouchers - ✆ 06 80 67 93 38 - www.mobiliervotremaison.com.

▶ **Galerie Valérie Lefèbvre** – 68 r. Léonard Danel - ✆ 06 61 58 66 78.

▶ **Leica store** (photos) – 10 r. de la Monnaie - ✆ 03 20 55 02 32 - www.leica-camera.fr.

▶ **Lill'Art Gallery** (art contemporain)– 15 r. des Vieux-Murs - ✆ 06 23 89 16 06 - www.lillartgallery.com.

▶ **Galerie Bacqueville** (art contemporain) – 6 & 32 r. Thiers - ✆ 06 99 69 04 04 - www.galeriebacqueville.com.

Roubaix

▶ **La plus petite galerie du monde (ou presque)** – 69, r. des Arts - 59100 Roubaix - ✆ 03 20 24 35 31 - http://laplus petitegalerie.fr. Une exposition par mois (peinture, dessin, photographie, sculpture). Une « fenêtre-vitrine » donnant sur la rue et une grande salle d'exposition à l'arrière de la maison.

DUBONNET
RICARD
EXTRACT
Liebig
NESCAO
CHOCOLAT
Pupier
MICHE
AVEZE
BURROUGH'S
BEEFEATER GIN
VIM
Pour nettoyer et récurer
MICH

Pour en savoir plus

Braderie de Lille, stand et objets insolites.
R. Soberka/hemis.fr

Lille en quelques dates

10 000 – 5 000 av. J.-C. – Premières traces de peuplement dans la vallée de la Deûle.

1er s. av. J.-C. – 5e s. apr. J.-C. – Traces d'occupation gallo-romaine.

640 – Selon la légende, la victoire de Lydéric sur le tyran Phinaert, deux géants, fonde la ville.

1066 – Première mention écrite de « L'isle » dans une charte de dotation de Baudouin V, comte de Flandre.

1080 – Tourcoing, seigneurie dépendante de Lille.

1212 – Jeanne, comtesse de Flandre et de Constantinople, s'installe avec son mari, le roi du Portugal, à Lille.

1214 – Bataille de Bouvines : victoire française. Son mari prisonnier, Jeanne gouverne Lille (10 000 hab.).

1236 – Fondation de l'hôpital Comtesse.

1260 – Construction de l'hospice d'Havré (Tourcoing).

1369 – Lille devient bourguignonne, puis une des trois capitales du duché de Bourgogne. Période très prospère.

15e s. – Les lissiers d'Arras, chassés par Louis XI, s'installent à Lille qui devient une cité drapière.

1414 – La bourgade Roubaix reçoit le titre de ville.

1453 – Lille devient une capitale administrative et financière. Construction du palais Rihour pour loger la cour de Philippe le Bon.

1477 – La Flandre passe à la maison de Habsbourg, puis sous autorité espagnole.

1491 – Tourcoing obtient une franche foire et peut commercer.

16e s. – Essor de l'industrie textile.

1598 – Âge d'or de Lille : construction de la Vieille Bourse.

1667 – Siège et prise de la ville par Louis XIV.

1667-1670 – Construction de la « Reine des citadelles » par Vauban.

1670-1700 – Création du quartier royal et rénovation de la ville ancienne. Naissance du style lillois.

1708-1713 – Prise de Lille et occupation par les Hollandais.

1713-1715 – Traités d'Utrecht : Lille devient définitivement française.

1730 – Tourcoing s'émancipe de Lille et abrite des métiers à tisser.

1762 – Un édit royal brise le monopole drapier de Lille : Roubaix et Tourcoing se lancent dans l'industrie de la laine.

1790 – Tourcoing, fief féodal, devient une ville.

1792 – Siège des Autrichiens. Bombardée, Lille résiste.

1803 – Lille compte 53 000 hab. et devient chef-lieu du Nord à la place de Douai.

Au 19e s. – Blocus napoléonien de l'Angleterre. Lille développe l'industrie du coton, Roubaix et Tourcoing celle de la laine. Roubaix devient capitale mondiale du textile et abrite la Bourse de la laine.

1846 – Ouverture de la première ligne de chemin de fer Paris-Lille.

1853 – Alexandre Desrousseaux compose *Dors min p'tit quinquin*.

1858 – Un décret impérial annexe à Lille les communes de Fives, Moulins, Esquermes et Wazemmes.
1888 – *L'Internationale* du Lillois Pierre Degeyter est chantée pour la première fois à Lille.
1890 – Naissance de Charles de Gaulle, rue Princesse.
1891 – Lille compte 200 000 hab.
1910 – Déclassement des fortifications de Lille.
1911 – Exposition internationale à Roubaix.
1913 – Création de l'évêché de Lille.
Oct. 1914 – Lille, attaquée par l'armée allemande, se rend.
1918 – La région et son industrie sont complètement dévastées par la guerre.
1919 – Construction de larges boulevards sur les anciennes fortifications.
1921 – Le BCG est mis au point à l'Institut Pasteur de Lille.
1922 – La Redoute (Roubaix) invente la vente par correspondance.
Mai 1940 – Lille est prise par l'armée allemande.
Sept. 1944 – Lille, libérée, est moins atteinte qu'en 1918.
1960 – Début de la crise mondiale du textile et de la métallurgie. La région est durement touchée.
1968 – 85 communes sont réunies dans Lille Métropole. Ouverture de l'autoroute A 1 Paris-Lille.
1970 – Fusion d'Ascq, Annappes et Flers-lez-Lille dans la ville nouvelle, Villeneuve d'Ascq.
1975 – Début des reconversions industrielles, avec la filature Le Blan à Moulins.
1973-2001 – Pierre Mauroy, maire de Lille pendant 28 ans, œuvre au développement de sa ville, en lançant notamment le projet Euralille.
1980 – Rénovation du Vieux Lille.
1983 – Mise en service du VAL, première ligne de métro automatique au monde.Ouverture du LaM à Villeneuve d'Ascq.
1987 – Construction du nouveau quartier d'affaires Euralille.
1993 – Premier TGV Paris-Lille. L'usine Motte-Bossut (Roubaix) transformée en Archives du monde du travail.
1994 – Premier Eurostar Lille-Londres.
1997 – Réouverture du palais des Beaux-Arts.
2001 – Martine Aubry, maire de Lille. Réouverture de La Piscine à Roubaix.
2004 – Lille, Capitale européenne de la culture.
2005 – Beffroi de Lille inscrit au Patrimoine mondial de l'Unesco ; les « géants et dragons processionnels », chefs-d'œuvre du patrimoine oral et immatériel de l'humanité.
2012 – Inauguration du Grand Stade Lille Métropole à Villeneuve d'Ascq et du musée du Louvre à Lens.
2013 – Décès de Pierre Mauroy ; le Grand Stade est rebaptisé stade Pierre-Mauroy.
Sept. 2015-janv. 2016 – Nouvelle édition culturelle de Lille 3000 sur le thème de la Renaissance.
2018 – Lille accueille le premier Festival international des séries TV.
2019 – 5e édition de Lille 3000, sur le thème de l'Eldorado.
2020 – Lille Métropole élue capitale mondiale du design.

Une place forte du commerce

UNE CITÉ D'ÉCHANGES

Au 11e s., Lille, qui est déjà une cité drapière, se développe autour du château de Baudouin V, comte de Flandre, et de son port situé à l'emplacement de l'actuelle avenue du Peuple-Belge. Au fil des siècles, les marais sur lesquels la ville est bâtie sont asséchés, la Deûle est canalisée et le port se déplace progressivement, en même temps que le développement de Lille, jusqu'à son emplacement actuel qui s'étend de la porte de Dunkerque au Faubourg de Béthune face au quartier des Bois-Blancs.

Vassale du roi de France, la Flandre reste pourtant économiquement liée à l'Angleterre et au Saint Empire romain germanique. Elle finit par attiser les prétentions de Philippe Auguste, qui marque une première grande victoire le 27 juillet 1214, à Bouvines (à 13 km au sud-est de Lille).

Lille est ensuite gouvernée par Jeanne, comtesse de Flandre, avant de devenir une possession des ducs de Bourgogne en 1369. La ville prospère tant que Philippe le Bon décide d'y amener sa cour (1200 personnes !) au palais Rihour (*p. 19*), construit à cet effet. L'époque est festive : les banquets, dont le fameux « vœu du Faisan » par lequel il promet d'aller délivrer Constantinople, sont fréquents et somptueux. Au 15e s., Lille accueille les lissiers d'Arras, chassés par Louis X, ce qui renforce encore sa position commerciale.

UNE PLACE FORTE

Le puissant duché passe ensuite à la maison de Habsbourg, puis à l'Espagne lorsque Charles Quint est sacré empereur. Le 16e s. est l'âge d'or de Lille qui se développe grâce à sa proximité avec les Pays-Bas et l'Angleterre tout en échappant aux guerres de religion qui divisent alors l'Europe.

Mais, en 1667, Louis XIV, qui vient d'épouser Marie-Thérèse d'Autriche, infante d'Espagne, entend faire valoir ses droits sur les Pays-Bas, ce que la couronne espagnole lui refuse. Il organise alors le siège et la prise de Lille qu'il transforme en place forte avec l'aide de Vauban. La ville devient la capitale des Provinces du Nord. Désormais bien protégée par sa citadelle (*p. 38*), Lille s'organise et continue à commercer et à grossir.

En 1762, un édit royal brise son monopole drapier de plus en plus contesté. Roubaix et Tourcoing sont autorisées à tisser. Elles se spécialisent dans la laine, Lille dans le coton.

UNE RÉGION INDUSTRIELLE

Avec l'arrivée de la machine à vapeur et de la mécanisation, le textile devient une activité industrielle à part entière. Lille-Roubaix-Tourcoing se hissent vite au deuxième rang mondial des pôles textiles derrière Manchester, parfois même au premier dans certaines spécialités (la laine à Roubaix). Entre-temps, en 1858, Lille a obtenu l'autorisation d'ouvrir les fortifications qui contraignaient son expansion et a annexé les communes du sud (Fives, Moulins, Esquermes et Wazemmes) qui hébergeaient déjà de nombreuses usines. La superficie de la ville est multipliée par trois, la population par deux.
Une telle révolution ne va pas sans l'apparition d'un prolétariat urbain avec son cortège de misère. En 1846, la mortalité infantile atteint 75 % dans les courées de St-Sauveur.
Cette industrie atteint son apogée en 1914, mais est dévastée par la guerre : l'occupant pille le matériel industriel quand il n'est pas détruit par les bombardements. En 1918, l'appareil productif est réduit à néant.
Même si la reconstruction est rapide, elle n'est pas achevée quand survient la crise de 1929. Les premières reconversions (la création de la vente par correspondance par La Redoute en 1922 par exemple) ne suffisent pas à endiguer le long déclin du textile.
La Seconde Guerre mondiale est moins cruelle pour l'économie régionale, qui est toutefois peu soutenue par les investissements d'après-guerre. À partir des années 1960, la crise du textile devient mondiale et se poursuit jusqu'au début des années 2000, quand ferment les derniers complexes spécialisés.
Aujourd'hui, certaines industries traditionnelles (textile, imprimerie, industrie mécanique, chimie, agroalimentaire...) coexistent avec des entreprises de pointe, basées notamment sur les nouvelles technologies. Capitale européenne de la vente par correspondance, Lille (avec Roubaix et Tourcoing) est aussi un carrefour des affaires du nord de l'Europe avec le centre Euralille (☛ *p. 129*), la chambre de commerce et d'industrie et la Bourse des valeurs.

UNE VILLE TOURNÉE VERS L'AVENIR

Depuis les années 1990, la Métropole européenne de Lille a pris le cap du futur en multipliant les pôles de performance spécialisés. C'est le cas d'**Eurasanté**, situé à Loos, qui développe et favorise la création d'emplois dans le secteur de la santé pour la région des Hauts-de-France. **Euratechnologies** est aussi un projet ambitieux qui regroupe entreprises et services autour des nouvelles technologies de l'information et de la communication, dans l'ancien château de l'industrie Le Blan-Lafont à Lomme, superbement réhabilité. Ce nouveau quartier accueille également habitats, loisirs, culture, terrains de sport et commerces. Enfin, le vaste projet de l'Union entre Roubaix et Tourcoing complète la **Plaine Images** autour des nouveaux textiles et des nouvelles images (☛ *p. 10*).

Un modèle d'architecture

LE STYLE LILLOIS

Dès le Moyen Âge, Lille est influencée par le style des Flandres dont elle est la capitale : les maisons sont en brique et rivalisent de décorations qui mettent en avant la puissance des commerçants locaux. Les façades, ornées de moellons de pierre taillés en « pointes de diamant », apparaissent au début du 17e s. (pl. Louise-de-Bettignies, ➜ *p. 33*). La Renaissance flamande se caractérise par un décor exubérant (la Vieille Bourse, ➜ *p. 18* et la maison de Gilles de La Boé, ➜ *p. 33*). À la fin du 17e s., l'influence française se fait sentir dans l'alignement des maisons (voir le quartier royal du Vieux Lille), les « rangs » (notamment celui du Beauregard, ➜ *p. 18*) et dans la décoration. Le rez-de-chaussée comporte des arcades de grès (gresseries). La pierre au grain serré freine l'humidité. Au-dessus, la brique alterne avec la craie sculptée d'angelots, d'Amours, de cornes d'abondance et de gerbes de blé.

L'ARCHITECTURE MILITAIRE

Dès le 16e s., des ingénieurs militaires protègent cette région frontalière avec des courtines, puis sous Henri IV avec des fortifications à la française. Lille sera protégée par sa citadelle, construite sous Louis XIV, par Sébastien Le Prestre de Vauban (1633-1707). Celui-ci perfectionne le système de ses prédécesseurs avec des bastions ceints et utilise les obstacles naturels ainsi que les matériaux du pays pour donner une valeur esthétique à ses ouvrages. Sur la côte et la frontière de Flandre et du Hainaut, Vauban met en place le « pré carré » : deux lignes de places fortes assez rapprochées les unes des autres pour empêcher le passage de l'ennemi et se secourir entre elles en cas d'attaque. Ces fortifications remplirent leur mission jusqu'aux invasions de 1814 et 1815. En 1940, celles du Quesnoy, de Lille et d'autres ont protégé la retraite des armées franco-britanniques.

L'ARCHITECTURE INDUSTRIELLE

L'agglomération de Lille-Roubaix-Tourcoing, ancien empire du textile a, depuis le 19e s., été marquée par de hautes cheminées d'usines, avant de souffrir de la crise du textile. De nombreux pans de ces cités ont été laissés à l'abandon pendant longtemps mais se redressent aujourd'hui. Ces villes du Nord connaissent un renouveau urbanistique, dont Lille est le meilleur exemple.

DES PIONNIERS DE LA RECONVERSION

Après les crises économiques successives, de vastes friches

ARCHIVES
NATIONALES

industrielles sont apparues, parfois en plein centre-ville. Conscients de la qualité du patrimoine, les pouvoirs publics le préservent de la démolition massive et se montrent pionniers et inventifs dans sa réutilisation. Cette politique a aussi l'avantage d'endiguer l'extension urbaine qui avait été favorisée jusqu'aux années 1970 tout en mettant en valeur l'héritage bâti. C'est l'immense filature Le Blan de Moulins, transformée en unité d'habitation sociale intégrant aussi un théâtre et une église, qui s'impose comme la première opération publique d'envergure. D'autres suivront, parfois à l'initiative d'investisseurs privés.
Tourcoing et Roubaix suivent assez vite ce mouvement de fond.

L'usine Motte-Bossut, à deux pas du monumental hôtel de ville de Roubaix, accueille dès 1993 les Archives du monde du travail (*p. 52*). Depuis, de nombreux sites ont fait l'objet de reconversions à vocation culturelle, artistique, sociale ou mixte.

LES MAISONS FOLIE

Dans un premier temps, les anciens ateliers de filature deviennent de formidables lieux de culture qui redonnent vie à des quartiers entiers. L'exemple emblématique reste celui des maisons Folie.
Historiquement, une « folie » désigne une construction ludique du 18e et 19e s., édifiée dans un parc, où l'on se rencontre et l'on discute. Depuis Lille 2004, le terme habille d'anciennes filatures, malteries et autres sites industriels ou agricoles mués en lieux de rencontres et d'échanges culturels, artistiques ou festifs.
Six maisons Folie, qui caractérisent chacun un quartier, ont ainsi vu le jour dans la métropole lilloise.
Voir le programme culturel des « Folies » auprès de chaque lieu :
- Villeneuve d'Ascq *(ferme d'En Haut - av. Champollion - 03 20 61 01 46);*
- Wazemmes (*p. 42);*
- Moulins (*p. 44);*
- Tourcoing (*p. 57);*
- Roubaix (*p. 52);*
- Lambersart *(Le Colysée - berges de la Deûle - 03 20 00 60 06).*

DES USAGES DÉTOURNÉS

On remarque que la réappropriation du patrimoine érigé durant l'âge d'or industriel passe aussi par des usages détournés des lieux. À ce titre, La Piscine de Roubaix (*p. 50*), ancienne piscine municipale transformée en musée d'Art et d'Industrie, demeure la réussite la plus éloquente. Les cabines servent désormais de vitrines d'exposition; quant au bassin, où miroite un filet d'eau symbolique, il accueille un jardin de sculptures.
De même, certaines usines de la banlieue lilloise sont aujourd'hui reconverties en vastes et luxueux appartements.

LA MIXITÉ DES NOUVEAUX ÉCOQUARTIERS

La troisième phase de cette vaste reconversion a déjà commencé et vise désormais à transformer ces châteaux de l'industrie en de nouveaux écoquartiers qui mixent les

utilisations : logements, hébergement d'entreprises du secteur tertiaire et en particulier des nouvelles technologies, écoles ou universités et lieux de culture ouverts au public.
C'est le cas d'**Euratechnologies** à Lomme devenu un incubateur d'entreprises ou encore de la **Plaine Images**, à Tourcoing, véritable lieu d'échanges pour les entreprises, les artistes, les étudiants établis là-bas. Un site d'excellence dédié aux jeux vidéos, au multimédia et aux nouvelles images (www.plaine-images.fr). Ce lieu, en plein développement, s'inscrit dans la continuité du Fresnoy voisin et bénéficie de la réussite d'Ankama, leader du jeu vidéo en ligne, qui a attiré dans son sillage de nombreuses initiatives technologiques.
D'autres chantiers sont encore en cours, notamment l'immense friche de l'Union (80 ha), à cheval sur les territoires de Tourcoing, de Roubaix et Wattrelos, dont la reconversion a commencé en 2007 autour de deux axes majeurs : les nouvelles images et les textiles innovants. Elle pourrait se poursuivre au moins jusqu'en 2022 tant la tâche est immense. Dépollué, ce site qui a compté pas moins de 51 usines, commence à voir le jour. En 2012, le premier bâtiment de l'ère nouvelle a été livré : il accueille le Centre européen des textiles innovants (CETI), un laboratoire de recherche de pointe sur les textiles de demain.
À terme, ce nouveau quartier mixera toute forme d'habitat, un parc paysager, avec des activités économiques et culturelles. Ici, même d'anciennes courées (maison d'ouvriers de l'îlot Stephenson) ont été préservées de la démolition et profitent d'un programme audacieux d'auto-réhabilitation menée par les habitants et l'architecte spécialisé Patrick Bouchain. Dans les bâtiments industriels préservés (la brasserie Terken à Roubaix, l'usine de la Tossée à Tourcoing), des bureaux hébergent *La Voix du Nord* et le siège social de la marque de grande distribution, Decathlon.

UN LABORATOIRE D'ARCHITECTURE : EURALILLE

Convaincu que, grâce à sa position géographique, sa ville avait une envergure internationale, Pierre Mauroy (1928-2013) est parvenu à imposer que le tracé de la ligne à grande vitesse Nord s'arrête en centre-ville de Lille, non pas en plein champ comme il était prévu initialement. Ainsi est né Euralille, un centre d'affaires européen au carrefour des TGV Bruxelles-Paris-Londres, devenu depuis le troisième quartier d'affaires de France, après La Défense à Paris et La Part-Dieu à Lyon. Bâti entre 1990 et 1995, le site a réuni les meilleurs architectes du moment : Rem Koolhaas en fut l'urbaniste en chef et favorise un lien étroit entre le pôle d'affaires et la desserte ferroviaire. La tour de Lille (Christian de Portzamparc) et celle de Lilleurope (Claude Vasconi et Jean-Claude Burdèse) enjambent la gare de Lille-Europe, sans laisser de doute à l'interprétation.
En sus de ses atouts géographiques et de sa réactivité économique,

la métropole lilloise a appuyé sa stratégie sur la recherche d'une qualité de vie urbaine. Le centre commercial conçu par Jean Nouvel, la Maison de l'architecture et la salle de spectacle L'Aéronef, pour ne citer que ces exemples, font intrinsèquement partie du projet. Culture, loisirs, tourisme architectural, espaces verts : l'intégration de ces notions participe à la réussite d'Euralille, tant économique qu'esthétique.
La première phase autour de la gare Euralille achevée, le projet comme le quartier ont continué à s'étendre, avec de nouveaux protagonistes. Au nord et à l'est, de part et d'autre du périphérique, ont poussé les secteurs du Romarin, celui de St-Maurice qui accueille le jardin des Géants puis au sud, le secteur de Chaude-Rivière, avec la construction du bâtiment Shake. Enfin, encore plus au sud, après le complexe Lille Grand Palais, s'achève le futur siège de la métropole européenne de Lille avec le Biotope qui jouxte le nouveau siège de la Région, ainsi que le « Bois habité », secteur résidentiel aménagé durant la phase d'extension d'Euralille 2.
Une nouvelle extension du quartier Euralille s'opère depuis quelques années vers le sud autour du complexe Stéphane Hessel dans le quartier en réhabilitation de la porte de Valenciennes.

ET AILLEURS

Dans le sillage de ce vaste quartier, d'autres constructions contemporaines ont vu le jour. Les structures culturelles, notamment, comptent bien sur l'attractivité euro-métropolitaine de Lille pour capter une audience toujours plus grande.
À Villeneuve d'Ascq, l'ancien musée d'Art moderne s'est agrandi pour devenir le LaM (musée d'Art moderne, d'Art contemporain et d'Art brut) : au bâtiment de Roland Simounet (1983) a été ajoutée une réalisation de Manuelle Gautrand (2010) dont la résille de béton blanc s'affirme de façon radicale.
Cependant, le renouveau architectural de la région se situe le plus souvent dans l'expression du lien entre passé et avenir. À Tourcoing, par exemple, le Studio national des arts contemporains du Fresnoy (Bernard Tschumi, 1997) a été conçu sur le principe de boîtes dans la boîte : l'ancien centre de loisirs populaires a ainsi été recouvert d'une immense toiture formant au final une structure moderne. Au palais des Beaux-Arts de Lille, les architectes Jean-Marc Ibos et Myrto Vitart ont construit à l'arrière un « bâtiment-lame » en verre, long de 70 m et large de 6,50 m, qui reflète les lignes néoclassiques de l'édifice ancien pour un rendu photogénique et sophistiqué.

Maison Folie Wazemmes à Lille, réhabilitée par l'agence néerlandaise Nox et l'architecte Lars Spuybroek.

Le sens de la fête

La ville s'affirme comme métropole culturelle avec l'Opéra, le Ballet du Nord et des troupes comme celle du théâtre du Nord. Et Lille 3000, dans la continuité de Lille 2004, organise des grandes saisons culturelles tous les trois ans, ainsi que des expositions et animations chaque année. Mais la fête n'est pas que culturelle. Elle est aussi populaire et partagée par toute la population locale, sans distinction ni de classe ni d'origine sociale.

LES GÉANTS

Chaque quartier a sa kermesse, sa « ducasse », c'est-à-dire sa fête. À cette occasion, les Lillois sortent leurs géants, Phinaert et Lydéric. Dans la région, on les nomme « gayants » en picard ou « reuzes » en flamand. Ils forment une famille d'environ 200 personnages, et incarnent l'âme de toutes les fêtes. Ils se manifestent au son des fifres et des tambours, entourés de diables, gardes du corps, roue de la fortune... et de leur progéniture.

Les premiers géants sont apparus au 16e s. dans le Nord. Bannis par l'Église, ils sont revenus en force au début du 20e s. Des légendes leur sont attachées : fondateurs d'une cité comme Lydéric et Phinaert à Lille... ou personnages historiques comme la cabaretière Jeanne Maillotte, qui repoussa les « hurlus » à Lille. Le jardin des Géants, à Euralille, leur est même dédié avec d'immenses chaises qui les attendent.

LA BRADERIE

S'il n'y avait qu'une date à retenir de la vie lilloise, ce serait le premier week-end de septembre, celui où a lieu chaque année la célèbre Braderie. Plus d'un million de personnes s'y pressent et pour certains, c'est un rendez-vous à ne manquer sous aucun prétexte. La Braderie perpétue depuis mille ans la tradition de la « franche foire médiévale », où les domestiques étaient autorisés à vendre les petits biens de leurs maîtres. Aujourd'hui, c'est un vaste vide-greniers qui s'étend de la Grand'Place à Wazemmes ou à la citadelle. Chacun peut s'installer sur une parcelle de trottoir et vendre ce qu'il veut. Depuis le 19e s., l'habitude veut qu'on y mange des moules-frites, dont les coquilles, jetées en tas dans la rue, forment des monticules (à l'image des terrils) parfois impressionnants.

LILLE 3000

En 2004, Lille devient Capitale européenne de la culture et prend un tournant qui transforme la métropole. Lille 3000 perpétue et renforce ce dynamisme en ouvrant la ville sur le monde de demain. Artistes contemporains et avant-gardistes sont présentés et mis en scène pour le plaisir de tous.
105 centre Euralille - ✆ 03 28 52 30 00 - www.lille3000.eu.

Lille 3000 Eldorado, îlot Comtesse, crânes peints qui évoquent les fêtes des morts mexicaines.

J. GARCÍA LÓPEZ
CDMX

Gastronomie

Généreuse, la cuisine flamande présente une belle variété de plats consistants et savoureux, offerts avec fierté et générosité aux gens venus d'ailleurs. Depuis que Lille et sa région se sont réapproprié la culture locale et leurs traditions, au début des années 2000, de nombreux restaurants (les estaminets) la proposent à leur carte. L'occasion de déguster, et de rapporter, quelques bonnes recettes.

DES PLATS SALÉS...

Classique flamand, le **potjevleesch**, ou « viande en pot », est une terrine en gelée (veau, porc, lapin et poulet), tout comme le petit salé de Lille. Autre suggestion, la flamiche au maroilles ou « goyère », onctueuse et parfumée. Les plats sont arrosés de bière et accompagnés de pommes de terre, de chou rouge, d'une faluche (galette ronde de pain) ou d'endives braisées : les fameux **chicons**. Les grandes spécialités sont le lapin aux pruneaux, le coq à la bière et la **carbonnade** flamande, bœuf braisé avec une sauce à la bière aromatisée d'oignons et d'épices. Le **hochepot** est une potée de bœuf, veau, agneau, porc, lard et légumes ; le waterzooi, un bouillon crémeux à base de poissons cuits ou de poule, avec des légumes.
Enfin, comment passer à côté des fameuses **moules-frites**, véritable plat national en Flandre, des deux côtés de la frontière ? Elles sont le plus souvent à la crème, à la bière ou simplement marinières. Lors de la braderie annuelle de Lille (septembre), on en mange jusqu'à 400 tonnes. C'est à quel restaurant aura le plus haut tas de coquilles de moules, dressé en pleine rue !
Autre spécialité venue du pays de Galles mais devenue une véritable institution des tables lilloises : le **welsh**, une tartine de pain trempée dans la bière puis recouverte de moutarde, jambon et cheddar gratiné.
Côté fromage, le **maroilles** (pâte molle, croûte lavée à la bière, corsé), créé au 10e s. par les moines de l'abbaye du même nom, peut s'accompagner de bière ou de cidre. Ses dérivés : vieux-lille (ou maroilles gris), dauphin (maroilles agrémenté d'épices et d'herbes), cœur d'Avesnes et boulette d'Avesnes (maroilles aux épices enrobé de paprika). Mais la région offre bien d'autres choix : le mont-des-cats, peu corsé et fabriqué par les trappistes, les tomes de Marquette et de Cambrai, affinées à la bière, le belval, le vieux-boulogne, la mimolette du Nord. Sans oublier des créations assez récentes : le cœur d'Arras, le boulet de Cassel ou le pavé de Merris.

... AUX DOUCEURS SUCRÉES

Succulentes **tartes au sucre**, garnies de vergeoise ou cassonade, et voluptueuses tartes à gros bord ou au papin du Boulonnais (sorte de flan sur un fond de pâte levée briochée). Suivies d'un café léger additionné de chicorée, ou d'alcool (bistouille), servi avec sucreries ou pain d'épices. Les gâteaux les plus raffinés sont les fameuses **gaufres** fourrées à la cassonade ou à la vanille. À noter aussi les **cramiques** (pains au lait sucrés) et les coquilles (brioches). On savoure les sucreries tels le ryssel (du nom flamand de la ville), un feuilleté au praliné, enrobé de chocolat, les « chuques » du Nord, les babeluttes de Lille (petits caramels fondants). Enfin, n'oublions pas que le Nord est un pays de betterave offrant cassonade blonde ou brune et sucres candis, véritables pierres précieuses à sucer comme des bonbons. Et évidemment le « Carambar », inventé en 1954 à Marcq-en-Barœul.

LA BIÈRE

Elle est promue par le sceptre joyeux du géant armentiérois Gambrinus, roi de la bière, et l'auréole débonnaire de saint Arnould, patron des brasseurs. Les Hauts-de-France, riches en eau, orge et houblon de Flandre, réputé pour son arôme, fournissent une bonne part des bières françaises, avec une vingtaine de brasseries ; les plus actives se concentrent dans les régions de Lille-Roubaix, St-Omer, les vallées de la Scarpe et de l'Escaut. Parmi les plus connues, la Choulette, la Jenlain, la St-Landelin, la Trois Monts et la Goudale rivalisent avec leurs grandes sœurs belges. Les différentes variétés de bières sont très nuancées : bière du Nord traditionnelle blonde (type « pils ») avec une légère amertume, bière de garde, bière brune régionale à la saveur douce et fruitée, parfois caramélisée, bières ambrée, rousse, blanche, aux fruits, IPA...

LE GENIÈVRE

Produit à partir de farine qui, après cuisson, fermente avec de la levure, ce « vin de céréales » est ensuite distillé avec des baies de genévrier. D'où son arôme. La fabrication de cette eau-de-vie se perpétue dans le Nord, à Houlle, Wambrechies et Loos, où l'on produit également le chuche mourette, apéritif composé de crème de cassis et de genièvre. (*Distillerie Claeyssens p. 63*).

LES ESTAMINETS

Dans la tradition flamande, un estaminet est un débit de boisson, une sorte de café et bien plus que cela. Ce lieu de sociabilité ouvrière, répandu dans toutes les Flandres, comprend au moins un bar où il est possible de boire et de fumer. Certains mettaient à disposition des clients des jeux traditionnels pour se distraire, quand d'autres comprenaient une épicerie, parfois un maréchal-ferrant. Endroit de convivialité et de rencontres, les estaminets avaient peu à peu disparu... jusqu'à ce qu'ils reviennent à la mode, en ville, au début des années 2000. Désormais, ce sont des restaurants rustiques, parfois décorés à l'ancienne, où l'on se régale des plats de la cuisine flamande.

M

Collection sous la direction de Philippe Orain

Responsable d'édition et rédactrice en chef du guide : Lucie Fontaine

Secrétaire d'édition Julien Bourbiaux

Rédaction Martin Balédent, Julien Bourbiaux, Mélanie Cornière, Grace Coston, Sophie Fréret, Véronique Le Bris, Florence Piquot, Emmanuelle Souty

Remerciements Office de Tourisme et des Congrès de Lille

Ont contribué à ce guide Theodor Cepraga, Costina-Ionela Tarcea et Cristina-Ionela Ungureanu (**Cartographie**), Véronique Aissani, Carole Diascorn (**Couverture**), Sophie Bouvet, Marie Simonet, Sophie Roques (**Iconographie**), Bogdan Gheorghiu, Cristian Catona, Hervé Dubois, Pascal Grougon (**Prépresse**), Dominique Auclair (**Pilotage**)

Conception graphique Laurent Muller (couverture et maquette intérieure)

Régie publicitaire et partenariats business-solutions@tp.michelin.com
Le contenu des pages de publicité insérées dans ce guide n'engage que la responsabilité des annonceurs.

Contacts Qu'avez-vous pensé de ce guide ?
Répondez à notre questionnaire en ligne, en allant sur le site : satisfaction.michelin.com

Vous souhaitez nous contacter ?
Envoyez-nous un email à l'adresse : tourisme@tp.michelin.com

Parution 2020

Crédits photographiques p. 4-5
(de gauche à droite et de haut en bas)

F. Franke/Premium/age fotostock
A. Le Bot/Photononstop
Manuelle Gautrand architecture/photo Max Lerouge
O. Leclercq/hemis.fr
Y. Guichaoua/iTravelstock collection/age fotostock
R. Soberka/hemis.fr/ADAGP, Paris 2020
A. Leprince/Roubaix La Piscine/ADAGP, Paris 2020
C. Philippe/ArTerra Picture Library/age fotostock

VOTRE AVIS EST ESSENTIEL
POUR AMÉLIORER NOS PRODUITS

Aidez-nous en répondant à notre questionnaire sur le site :

satisfaction.michelin.com

Michelin Travel Partner
Société par actions simplifiée au capital de 15 044 940 EUR
27 Cours de l'Ile Seguin - 92100 Boulogne Billancourt (France)
R.C.S. Nanterre 433 677 721

Dépôt légal : 08-2020 – ISSN 0293-9436
Compograveur : Michelin Travel Partner, Voluntari (Roumanie)
Imprimeur : Estimprim, Autechaux
Imprimé en France : 07-2020

Usine certifiée 14001
Sur du papier issu de forêts bien gérées